JN226968

日本語の21世紀のために　目次

第三章　日本語教育への提案……………………95

まえがき

山崎正和

振り返って見て、ずいぶん不思議な言語生活を送ってきたものだと思わざるをえない。もの心ついたとき、私の家庭では父の標準語と母の京都弁が入り交じって語られていた。そのことを強く意識させられたのは、やがて一家が満州に移住して、小学校の同級生に囲まれたときであった。九州と東北の訛りを含んだ彼らの「植民地標準語」は、私に微妙な緊張と適応への努力をしいるものであった。だがいうまでもなく、それよりも大きな衝撃は学校と家庭の外に広がる中国語の世界からやってきた。日本語の通じない世界があること、日本語が多くの言葉の一つにすぎないことを、幼い私は身にしみて感じとった。

敗戦後の日本に帰ってくると、高校生の私はいわゆる国語改革の渦中に投じられた。この改革の奇怪さについては本文中で語ったが、それは別にして、事件としての国語改革はあらためて私に日本語を意識させる機会となった。言語とは一面で社会の制度であり、他面で文化の慣習であるという二面性について、その後の私に長く考えさせるきっかけとなった。

それをいえば第二次大戦後の日本は、日本語の実質についても批判と擁護が鋭く対決する時代であった。伝統的な五・七調のリズムを「奴隷の韻律」と呼ぶ詩人が現れ、事実、現代詩はもちろん流行歌まで自由律へと移って行った。文語文への嫌悪が広がり、法律の文章からキリスト教の聖書の翻訳まで口語調に改められた。私は変化を日々に目撃しながら、しかしまた日本語の異様なまでの変わりにくさをも体験した。とくに演劇を職業とすることになった私にとって、ジャンルによって異なるせりふ術の固定性は驚きに値する。世界でも稀なことだが、現代劇、歌舞伎、能のあいだで、せりふの技術は一人の役者が演じわけられないほどに異なるのである。

加えて世代間の流行語の変遷、メディアの革命による表現そのものの変質など、私は日本語の歴史のなかでも希有の有為転変に立ちあい、言語の存在を日々に痛感する経験をしてきたと思う。その点ではこの対談を企画され、私にお誘いをくださった丸谷才一さんも同じ世代に属している。その二人が共有する日本語への独特の共感、哀れみを含んだ愛しさが対談のふしぶしに漏れでていれば、語り手の一人として望外の幸せである。

第一章　言語の時代としての二十世紀

二十世紀は「言語の世紀」

丸谷　日本語についての対談ですが、まず二十世紀論から話を始めましょう。二十世紀とは何だったかと考えるとき、いつも「革命と戦争の世紀」であったと要約されるんですね。たしかに革命と戦争は二十世紀を特徴づける大事件ではあったけれど、政治史的にではなく、文化史的に考えると、むしろ、二十世紀は「言語の世紀」であった、と言えるのではないか。あるいは、そう言ったほうが鮮明に二十世紀の性格を示すんじゃないかと思うんですね。

僕の話の進め方はどうしても文学中心になるけれど、十九世紀の文学は、観察と実験という自然科学的方法を適用したリアリズムによって作るものだった。ところが、二十世紀の文学はそうじゃなくて、言葉で作るものなんです。言語中心の文学観によって指導されたのがモダニズム文学であり、ジョイスの『ユリシーズ』とかプルーストの『失われた時を求めて』とか、トーマス・マンの『魔の山』とか、ゾロゾロ出てくる。小説だけでなく、詩とか芝居とか評論まで入れて考えると、モダニズム文学の盛況ぶりは素晴らしいものです。二十世紀の文学は、このモダニズム文学の原理によって展開したといっていいと思うんですね。そういう意味でも、革命と戦争に重点をおく政治的な考え方ではどうもうまくいかないという局面がある。人間について考えるとき、言語を手がかりにして考えるのが二十世紀の人間の特徴をいちばんよく捉えるのではないでしょうか。

また、二十世紀の思想の特色は空間と身体ですよね。人間の身体から人間を考える、あるいは人間が生きている具体的な空間から人間を考える、そういう風潮が非常に強かった。これはそれまでの思想と違って、人間の精神を孤立させて考えるんじゃなくて、精神をほかの要素との関係において考える。そういう考え方であった。ところが精神と身体とを結び付ける一番具体的なもの、これは言語だと思うんですね。

山崎　二十世紀が革命と戦争の時代であったということと、言語の世紀だったということは、本質的に関連していると思います。二十世紀の戦争の特色は、国民国家および国家連合どうしの戦争になったということです。十九世紀以前には、国民国家はようやく育ち始めたばかりで、場合によってはまだ領主同士が戦争をしているとか、あるいは部族同士が戦争をしているような時代でした。二十世紀になって、これが国民国家および国家連合どうしの戦いになったために、世界戦争という規模の大きな戦争に展開していった。そのために二十世紀は戦争の時代だという見かけが、非常に大きくなったのは事実だと思うんですね。

もう一つ、革命は、国家を倒すわけですから、倒すべき国民国家の確立が前提となるわけです。これと並行して言語もまた、二十世紀までに、国民国家の言語になっていたんですね。近代国家は制度と法律で国民を統合するんですけれど、それだけではどうしても足りない。国民が一体化するためにはコミュニケーションの統一、共通の言語というものが必要になります。したがって、それぞれの国が国民の言葉、まあ、日本語でいえば「国語」というものをつくるわけですね。

これは国によって始まりが違いますが、フランスのように、ルイ十四世の強権のもとに非常に早く国家をつくって、ほとんど十七世紀には国家ができていた国もあれば、ドイツのように十八世紀、というより厳密な意味では十九世紀になって初めて近代国家ができるというような国もあります。だけど、いずれも国民国家が成立していくときには国語、あるいは国民語というものをつくり上げようとするわけです。フランスでは十七世紀にリシュリューがアカデミーを作り、それが後に国語統一をやって、フランス語を定義し、かつ規制するわけですね。ドイツの場合でいうと、グリム兄弟が典型ですけれども、ドイツ語を民間の手で統一し、整理していこう、辞書もつくろうという運動が起こってきます。フランスは異例に早いのですが、だいたい十八世紀、十九世紀が国民国家成立の時代であり、同時に国民語の成立期なんですね。

面白いことに、これは少し遅れますけれど、ロシアでも十九世紀の終わりに、インテリたちがロシア語というものを尊重し始める。それまでのインテリは、ご存じのように、フランス語で会話をしているわけで、ロシア語など下賤の言葉だったんですね。それがロシア語で文学も書こうという動きが起こってくるのは、実に十九世紀の後半なんです。

丸谷　たとえば『戦争と平和』に書いてある貴族の会話はフランス語なんですね。今われわれが読む翻訳では、フランス語とロシア語の区別がついてないけれど（笑）。戦前の翻訳ではいちいち区別して、ここはフランス語というふうに示してありました。

山崎　そうですね。デカブリストというのは一種の革命グループですが、そのデカブリストたちが貴族のインテリなんですね。で、彼らは民衆のために立ち上がってるはずなんだけれども、お互いはフランス語で喋っている。だから政府の下っ端役人にはわからなかったという話が、ネクラーソフの叙事詩に出て来ます。

丸谷　ああ、そうでしょうね。

スターリンが書いた言語論

山崎　日本も明治維新があって、十九世紀の後半にいわゆる標準語というものをつくり始めます。それから少し遅れて、中国でもいわゆる北京官話、普通話という標準語をつくる運動が起こるわけですね。現実には、これは現在ようやく二十一世紀の初頭になって、中国の標準語になりつつあるわけですけれども。いずれにせよ、そういう国民語というものをつくろうという動きが一斉に起こってきましたね。

私はいまの丸谷さんのお話に結び付けていうと、どの国も国民語というものが出来てから半世紀かほぼ一世紀たって、それを異和感なく、自由に使いこなせるようになった。それが二十世紀だったと思うんですね。

丸谷　なるほど、国家も出来上がり、それから国語というものも出来上がった。

山崎　フランスはそれが少し早かったわけです。フランスで言語を文学の主要な内容だと考えたのは、もちろん特定した個人ではありませんけれども、象徴的なのがフロベールだと思うんですね。フロベールは、「一つの事柄を表すには一つの言葉しかない」と言っています。それ以前は、事柄を表すこと、物語を伝えること、大衆的な猟奇的事件を伝えることなどが文章の目的であって、言語それ自体はそのための不器用な道具だったといえるでしょう。フロベールにおいてはフランス語が作家の身についていて、表現される事柄や物、世界と言語が対等の関係になってくる。ようやくフロベールあたりを一つの象徴的な分水嶺にして、言語によって文学がつくれるんだという意識が芽生えてきた。ちょうどモダニズムの素地ができたと思うんですね。

おりから国民国家ができて、それぞれ百年たち二百年たって、そろそろ革命をやろうか、戦争をしようかという具合に、国家というものを操って何かをしようという人々が、政治の分野で出てくるわけですね。同時に、国語というものを操って何かしようという人も出てくる。二つはみごとに並行してるんです。

丸谷　二十世紀の特徴の両面が、そこにあるわけですね。

山崎　先ほどおっしゃった言語論的な探究、あるいは言語論的な文明論が盛んになるのは、たしかに二十世紀の特色なんですね。私の知っている分野でいえば、たとえばイタリアのクローチェとかドイツのフォスラーなどが、言語美学というものを書き始めます。これは言語論であると同時に芸術論であるという構造を持ってまして、その意識の根底には、芸術とは、あるいは文学とは言語であるという見極めがあるわけですね。

これが、ドイツではやがて文藝学、リテラトゥーア・ヴィセンシャフトという学問になります。この影響下でアメリカのニュー・クリティシズムが生まれるわけです。

丸谷　さっき小説の場合、フロベールのあたりでモダニズムが始まったとおっしゃった。言葉と物の関係が精密になったんですね。フロベールとボードレールあたりがモダニズムの元祖でしょう。殊に批評家としてのボードレールがモダニティという概念を差出した。それからマラルメが出てきた。

画家のドガはマラルメの友人だったのですが、彼はマラルメに、「私も実は詩を書きたいと思うことがしょっちゅうあるんだけど、どうしても霊感が湧いてこない、だから詩が書けないいんだ」と言ったんです。そうしたらマラルメは、「それは違うよ、詩は霊感で書くものではない、言葉でつくるものさ」と答えたそうです。

でも、ドガは絵については、それに対応する原理を知っているわけですよ。

山崎　そうですね。同じ時期に、表現の媒体が表現の対象よりも重要である、あるいは表現の媒体こそが内容である、というような理念が美術に表れてくる。これが印象派です。物の形を描くのではない、色そのものを描くのだ、光を描くのだということになる。

同じことを文学に移していえば、言語を構築することが文学だという意識が生まれてくるわけですよね。

丸谷　そうです。まさしくその意識が非常に大事なことであって、文学者がそういう言語意識を十九世紀の後半に持って、それは世紀末の頃にはかなりはっきりしてくるわけですが、二十世紀の始まりの頃になるとそれがずいぶん一般化してきた。そういう形勢があります。

で、そういう形勢があると、今度は思想家や哲学者たちも同じことを意識してくるわけですね。たとえばソシュールは二十世紀の初頭に亡くなった言語学者ですけれども、これが二十世紀思想の重要人物みたいになった。それから構造主義が出てきて、アメリカのチョムスキーの生成文法が出た。とにかく言語論についてひとくさり言うことが非常な流行になったわけです。

非常におかしいのは、スターリンが第二次大戦後、言語論を発表しているんです。あれは代作だそうですね。

山崎　そうですか。代作を許したということが、意味深いですね。

丸谷　あるいは代作をさせてまで言語について自分の考え方を述べなければならないと、スターリンが思った。

山崎　スターリンの言語論の論旨はたしかこういうことです。マルクス主義の文明論によれば、あらゆる精神現象、文化現象は下部構造の反映だとなっているわけですね。だから、経済構造ないしは階級構造が文化、あるいは精神を決定するのだと。ところが、言語だけは別だというのがスターリンの考え方なんですね。

丸谷　そうらしいですね。

山崎　要するに言語は道具であるという。たとえばハンマーとか鎌が階級を超えて共通であるように、言語も階級を超えたものだと言ったんですね。これは私の推察ですが、第二次大戦、いわゆる大祖国戦争が背景にあったのではないかと思うんです。この大祖国戦争というのがそもそもスターリンのインチキなんですが、つまり、共産主義のために死ねと言ってもロシア人は死ななかったわけですね。祖国ロシアのためにと言えばロシア人は死んだ。そこで彼は十九世紀の国民国家形成の時点まで戻って、少なくとも言語においては国民は一つだと言わざるを得なかった。

その意味で、少なくともあのスターリンが国民語に注目して言語論を発表したというのは、二十世紀文明全体の反映でもあるわけですね。

丸谷　そうです。一種、象徴的な事件。

言語表現の二面性

丸谷　それから二十世紀になると、モダニズム文学の運動の直接的な反映だといっていいんですけれども、言語論的、文献学的な文学研究がたいへん盛んになりました。たとえばアウエルバッハとかクルツィウス、バフチン、ロマン・ヤコブソンのロシア・フォルマリズムやシュピッツァーの文体論など。これらは同時代の文学者の考え方に非常に影響を与えたわけですね。

それから辞典の問題があります。その前からもちろん辞典は編纂されてはいたんですけれども、二十世紀において各国で非常に完備した大がかりな辞典がつくられるようになった。英語のOED、OED2、それからフランス語のロベールという大辞典。これは結局、時代の特徴を具体的なものの形でよく指し示しています。日本語の場合の小学館の日本国語大辞典もそうですね。そういうふうに、人間を言語の仕組みから考えていくと、いままでと違ってもっと具体的に人間がつかまえられて、面白い。それからいままでの思想家たちが見ていなかった人間が、どんどん見えてくる。たいへん収穫の多い、二十世紀の特徴的な試みだったわけですね。

山崎　私はやはり国家の成熟、あるいは国民語の完成と、そうした言語へのいわば内向的というべきかな、閉じこもりの動きとはやはり並行してると思うんですよね。

さっきも申し上げたように、国家を一所懸命つくっていたところから、国家を操ったり、あるいは場合によっては壊したりしてもいいという政治の流れと並行して、国語をやっと習得して、共通語が確立したとたんに、急速に個人の言葉という世界へみんな入り込んでいったと思うんです。文学が外界を共有する方法でなくなり、内面を形成する手段になって、個人が一人ずつ自分の言葉を持つというところへ入っていったのが、私は二十世紀文学だったと思うんですね。

丸谷　そうですね。

山崎　その場合、私は一種のパラドックスもあったと思うんです。というのは、わかりきったことなんですけれど、言語表現はもともと二面性を持っているんですね。

一つは、個人が自己を言葉によって確認する。いま自分が何を思っているか、何を感じているか、何を考えているかを、まず自分に対して明瞭にするために語るわけですね。つまり、言葉によって自分自身を確認するという一面があります。もう一つは、ある認識を他者と共有するという側面で、これはまあ、国民の共通語の本来的な機能でもあります。

少し抽象的な言い方をお許しいただくなら、国民語を一所懸命つくっているときには、他者と認識を共有することに大きな重点が置かれたと思うんです。同じ新聞を全国民が読める、同じ戦争のニュースや、同じスキャンダル事件をみんなが知っているということが、たいへん重要なことであった。そういうなかで世界的に、十九世紀のリアリズム文学が栄えたと思うんですね。

ところが、二十世紀になると人間は言語のもう一つの側面、つまり自己を確認するという方向に、ずっと傾いていくわけです。文学はそれによって深くなるわけですが、一方で急速に自我中心の袋小路に入り込んでしまう現象も起こりはじめた。文学における言語のそういう純粋主義のようなものは、おそらくジョイスやプルーストあたりが最高峰であって、それからあとになると、先ほど申し上げた言語の二面性というパラドックスによって、だんだんおかしなことになってきた。つまり他者と共有できない文学、独りよがりの文学が増えてきたんですね。

いちばん極端なのは、たとえばダダイズムですね。ダダイズムの一つの技法にオートマティズムというのがあります。思いついたことを片っ端から書き連ねて、できたものが私の作品だという。言語重視が言語否定に逆転する。美術のほうでいうと、二十世紀後半の、いわゆるハプニングというのがそうですよね。非常に偶然性を重視しましてね、構成とか構築とか、他者との共有ということは二の次に考える。演劇も一九六〇年代、七〇年代あたりは非常に不幸な時代だったと思います。

丸谷　アングラは演劇の自己破壊的情熱のあらわれでしたからね。

山崎　そうですね。小説もそうですけれど、現代詩なんていうのはまさに難解を極めるわけです。ご本人を前にして言うのは変だけど、丸谷さんはそういう頽廃した意味でのモダニズムにはむしろ抵抗して、ご自分の小説を書いてらしたと思うんですね。

丸谷　僕がジョイスの愛読者でありながら、三〇年代、四〇年代のイギリスの作家たちの方法を意識して書いたということですね。グレアム・グリーンは推理小説の方法を使って、またウィリアム・ゴールディングは少年小説の方法を使って書いた。二十世紀の前衛小説の手法も採り入れながら、しかし古い物語の枠組みを使って書きたいという傾向が、イギリスの小説家にはありましたよね。そういうものの影響をやはり受けてるんでしょうね。南米のガルシア＝マルケスの『百年の孤独』なんかになると、推理小説や少年小説どころか、子供のころお婆さんが語ってくれた昔話の方法を使って書いた。こういうのはみな、前衛文学の衰弱や頽廃を克服したいという気持のあらわれだったでしょう。

山崎　ジョイスとプルーストのエピゴーネンをやったら、惨憺たることになるという典型的な例が、前衛と呼ばれる二十世紀文学だったんですよね。

丸谷　まさしくそうですね。

山崎　その意味でも、政治のほうでやたらにおかしな革命をやって、そのあと独裁、専制を招いてるということと、並行してるかもしれません。

ついでながら、国語というものが意識に強く上がった文学作品の一つの例を申し上げると、これは誰でも知っている、ドーデの『最後の授業』ですよね。

戦争によって、いままでフランス語の授業が大嫌いだったアルザスの小学生が、明日からは国語がドイツ語に変わるから、今日がフランス語の最後の授業だと先生に言われて、深い感慨に耽る。まさに政治が国語を動かしている挿話です。もっとも、鹿島茂さんにうかがったら、ドーデは方言で育って、フランス語はまだ身についた言語ではなかったという話でした。それだから逆にドーデは、国語について意識的になったのかもしれませんね。

もう一つのエピソードは、ザメンホフのエスペラントだったと思うんですね。

丸谷　ええ、僕もエスペラントは非常に面白い事件だと思うんです。人工語はなぜ不可能かという主題は、非常に興味深い問題ですね。

山崎　これはほんとに事件と言うのがふさわしい。結局、ああいう人工的に作られた世界共通語というものはうまくいかなかった。なぜうまくいかなかったのか。やはり国民国家が形成されたときに、いろいろな方言を整理、統一しながらできた言語、多様を統一した国語というものは、力が強かったんですね。純粋な理性の産物、人工物では対抗できなかったということでしょう。

権力に使われた嘘の言語

丸谷 政治と言語の関係について話しましょうか。二十世紀では、戦争や革命が言語に影響を及ぼすたいへん極端な例として、言語による宣伝というのがあります。その際、二重言語、嘘の言語を使う。われわれの国でもたとえば敗戦を「終戦」と言ったり、退却を「転進」と言ったりしました。アメリカの大統領が細君ではない女の人といい仲になったことを「不適切な関係」と言ったりとかね(笑)。言語というのは、ああいう婉曲語法が必ず付きまとう性格のものなんです。

そういう言い換え、婉曲語法は、個人的な場で使うのは、咎められないんですね。むしろ礼節あること、しゃれた言い回しとして尊ばれるんですが、政治的権力によって使われると、あるいは使われることを強制されると、それは礼節ではなくなってしまって、恐ろしく欺瞞的な、危険な要素を持つようになってしまう。そのことを極端なかたちで書いたのが、オーウェルの『一九八四年』という小説だったと思うんですよ。

逆にいうと、モダニズム文学の言語に対する関心が根底にあるからこそ、オーウェルは『一九八四年』の発想を思いついたんだという気がします。

ジョージ・スタイナーという、もともとはパリ生れのユダヤ人で、アメリカからイギリスに渡った人なんですが、「空虚な幻想」というエッセイを書いています。要するにナチスの運動によってドイツ語は嘘を言うための言語にされてしまったため、戦後のドイツ文学は気の抜けたようなものしか作れなくなってしまったという論旨なんです。僕はちょうどそれを、アメリカの「リポーター」という雑誌で一九五九年に読みましてね、非常に感心した記憶があります。その翌年あたりかな、彼が『悲劇の死』や『トルストイかドストエフスキーか』で有名になったのは。

山崎　言語が一種の呪術的効果、言霊を持つということは、古くからあると思うんですね。言葉が明晰なものを指し示さないで、ことさら曖昧な理念とか情感とかいうものを運ぶ手段として使われることは、二十世紀に限った現象ではないと思います。ただ、それが、国民語が成立した舞台で使われたのが二十世紀だったんですね。

これは非常に恐ろしいことになるわけです。標語でも謳い文句でもいいんですが、そういうものを共有することが国民の義務とか、国民としての秩序とか、そういう理念と結び付けられたことが、二十世紀の非常に大きな特色だと思うんです。

呪術的な機能というのは、本来せいぜい部族単位、あるいは村単位、うっかりするとその中のまた一部のエリートたちの共有物にすぎなかったわけでしょう。

丸谷 それはね、うんと極端にいえば、詩の言語というのはみんなそういうことがあるわけです。

山崎 それはそうです。

丸谷 でも、それは、ごく普通にいって権力とは結びつかないわけだから、大した被害はないわけですね。

山崎 そうですね。そういうスローガンが国民の共有物になりますと、国民の間で増幅されるんですね。ヒトラーはラジオで内容空疎な怒号をまき散らしたわけですが、そのこととの直接的効果もさることながら、むしろそれを聞いた国民のほうが口移しにそれを伝えていく、そのプロセスが恐ろしい効果を生むんです。非常に皮肉な話ですけれども、国民の言語能力が高まったということが二十世紀の特色であるなら、ファシズムはそのこと自体の悲劇的な側面でもあるわけです。

丸谷　日本の場合、明治以前から非常に識字率が高かったですから、明治国家の倫理、理念をたいへん簡単に広めることができたという面もありますね。

大衆社会と識字率

山崎　それがある一つの分水嶺を越えたときに、いわゆる大衆社会現象が生まれると思うんですね。面白いことに、これも戦争と背中合わせなんです。戦争をやるたびに国家は国民を動員します。国民を動員すると、人々の社会参加、政治参加、情報への関心が強まるんですね。二つの世界大戦のあとも典型的でしたが、その戦争が終わると、一気に大衆化が進むんです。

わかりやすい例を一つ挙げれば、女性の社会進出は、必ず戦争が背景にありました。というのは、男は戦争に行きます。あとの工場は誰が守るのかというと、女性が守るわけですね。つまり女性は家庭から社会に出るわけです。

それに似た現象は、男が軍隊に入るということにも伴っていて、戦争に行ったがためにいろいろな近代兵器を学んだり、共通語や最低限度の社会常識を学んだりする人たちが増えてくるわけです。
それに加えて、二十世紀には全般的な経済的発展もあって、そういう情報を共有した民衆が力を持つと、大衆社会が生まれます。
丸谷　ええ、大衆社会の成立した要因の一つに、全世界的に識字率が高まったということがあります。一八四〇年当時、イギリスもフランスも識字率は五〇パーセントに達していなかったそうですね。
それが、一九四六年のフランスでは識字率は九六パーセントに達しているわけです。十九世紀後半から二十世紀にかけて、全世界的にものすごい勢いで展開したと思います。十九世紀半ばのロシアなんて識字率は数パーセントだったんじゃないですか。字の読めない民衆は、ただただ働いていた。字の読める知識人はちっとも働かないで、働きましょう、働きましょうなんて言っていた。
山崎　チェーホフの世界ですね（笑）。
丸谷　だから、そういう大衆社会現象を、言語という意外なものが準備してるんですね。
山崎　いや、意外なものというよりは、二十世紀はまさに言語の世紀、大衆の世紀なんですね。

丸谷　そうですね。意外なものと言ったのは、今までの大衆社会論ではこの識字率という要素をあまり論じてないから。

山崎　その結果、二十世紀の言語は、ある意味では二極分化していったと思うんです。一方では先ほどのモダニズムの頽廃系というか、爛熟系というか、内面にどんどん沈潜して、要するにひとり言を言っているような文学が生まれます。自己確認はできるけれども、その自己は他人にはほとんど理解されない世界に行ってしまう。

他方では、内容空疎な言語が大量生産されて、やたらと広く共有される。この背景には映像文化、電波メディアといった、媒体の変化が密接に関わっています。

丸谷　そう、それが大事ですね。それまで近代国家というものは活字と演劇で言語教育をやってきたわけです。グーテンベルクの発明がイギリスに渡ってきて、欽定聖書をつくった。印刷によってバイブルは一挙に広まりました。

また、シェイクスピアをはじめとするエリザベス朝演劇が劇場でさかんに上演された。その二つのおかげで英語は豊かになったと言われています。

だから、イギリスのいまの政治家の演説を聞くと、聖書とシェイクスピアの引用がほとんどで、それを取り去ったら何も残らないと言われますが、逆に言うと、その二つが国民の共通の知識だからこそ、聞いている人間はみな理解できるわけですね。

その印刷と劇場という近代国家の基本的な言語媒体が、いま怪しくなってきているんです。

山崎　その通りですね。新聞とか大衆雑誌とかトーキー映画とかラジオというものは、できるだけ手垢のついた、つまりよく馴染んで、誰でもすぐにわかる言葉をどんどん普及させていくわけですね。

もうひとつ、大衆化現象にとって非常に重要なのが電話だったと思うんです。電話というものは、一つの言語世界を構築するという機能を果たさないで、単にお互いの了解をとることだけに目的があるわけです。したがって、言葉はやりとりされているけれど、言葉自体は意識されずに、言葉に載せられている意思とか感情だけが通いあうことになります。言葉言い方を変えれば、言葉というものを身振りとか、直接的行動に近づけていったものだと思うんですね。

丸谷　そうですね。電話は対話をしているようで、実はしていないとも言える。

山崎　ちょっと抽象的なことを言わせていただくと、この意味でも言語には二面的な性質があると思うんです。人間の意思や感情という点から考えますと、言語は伝えると同時に、はしたなくは伝えないという機能を持っている。たとえば、「私はあなたを愛している」と言いますね。これで気持ちは伝わりますが、もっと端的に伝えようと思ったら、いきなり抱きしめれば一番いいのかもしれない。「俺はお前が憎い」と言うのも、もちろん意思の伝達ですが、もっと端的に伝えたければ、殴ってしまえばいいわけです。そういうことからみると、言語というのは、ある意思を表現しながら同時に、その意思にブレーキを掛けるという機能があるんですね。

そういう二面性からみると、先ほどの文学、あるいは芸術としての言語はどんどんブレーキの強化のほうへ進んでいったわけですね。何を伝えるかというのは、もうどうでもいいことになったわけです。他方は、だんだんと暴力、あるいは直接行動に近づいてきて、気持ちさえ伝われば言葉はどうでもいいという方向に行く。これが私は大衆化現象だと思うんです。

無口な日本人

山崎　私などは二十世紀も後半に、ものを書く仕事をするようになって、どの雑誌編集者にも真っ先に言われたのは、やさしく書いてください、ということでした。で、初めてテレビに出演したら、一回の発言を短くしてくださいと注意される。

つまりやさしく書くということは、できるだけ手垢のついた言葉を使うということだし、テレビの一回の発言を短くするということは、なるべく電話のコミュニケーションに近づけるということでしょう。先ほどの劇場と活字によって言語や情報が共有されていた時代から考えると、非常に象徴的な変化です。

丸谷　科学技術と工業社会によって牧歌的共同体が失われたことも、大きいでしょう。

山崎　近代国家はすべて同じ道を歩いたと言えますが、日本においてとくに顕著だったのは、工業化にともなって都市化が急速に進んだことですね。西洋の近代諸国が二百年かけてやったことを、日本は百年か、あるいはもっと短い期間でやり遂げてしまった。

都市化が何をもたらすかというと、核家族化です。田舎から出てきた若者が女の子と結婚して、大きな家族から独立した小さな家族を作る。男は当然企業か役所に働きに行くわけですが、その職場も相互に閉じられています。特殊な職業以外は、実際に人間が接触する範囲は非常に小さい。ということは、どちらも小さな閉鎖社会をつくるんですね。

何が起こるかというと、言語がいらなくなるという現象なんです。まず非常に顕著なのは母親と子供ですが、これは文字通りスキンシップでありまして、皮膚が喋ってるわけです。とくに日本の母親は子供にやさしくて、子供の感情の先回りをして理解しますから、子供は言語を発達させる必要がないんですね。アメリカなどではまだしも母親と子供の間に言語があって、しかも母親が子供に言語を強制するという教育法もあるわけですけど、日本ではそれは全然なさそうですね。

丸谷　うーん、核家族化によって会話が減ったというのは、どうかなあ。僕は、それ以前から日本人の会話は多くなかったし、やり取りも短かったと思うんですね。戦前の日本の生活は、村の延長で、言語的にずいぶん不備なものでしたから。

山崎　でも素朴な私の個人的経験でも、私は親に敬語でものを言うように躾けられましたし、寝るときは「お父さん、お母さん、おやすみなさい」と言って寝ました。いまや「オス」と言っているだけですよ。言葉はずいぶん短縮されちゃいました（笑）。親子が何も言わない場合だってある。

丸谷　そうかもしれませんが、それは別に理由があるかもしれない。昔の日本は、こういう理由でこうだというふうに、ある事柄について論理的に親や先生に説明する社会ではなかったでしょう。あるいは、そういう説明が許される、奨励される社会でもなかった。そもそも日本人は、長いやり取りで話をする習慣がなかったでしょう。

山崎　それはたしかにそうですね。もう一つ面白いのは、物を買うというのは人間にとって非常に大事な行為なんですけれど、産業化にともなって定価が生まれ、買いものから値切るという行為がなくなっていきました。

丸谷　正札販売になるから。

山崎　バザールの世界では値切るということが重要な行為であって、これはほとんど商行為の一部なんです。お互いに駆け引きして、相手の商品にケチをつけたり、弁護したりして会話を交わす。この交渉が一つの対話世界を生むのです。ところが正札付きのデパートで物を買うときには、ほとんど対話というものがないんですね。

丸谷　スーパーマーケットだと、もっと対話がなくなりますね。

山崎　もっとも極端なのが自動販売機です。これだと言葉はゼロになります。そういうふうに言葉のいらない世界が、都市化および工業化によって急速に広がったことを、忘れてはならないと思うんですね。

丸谷　日本人は、僅かながらもあった言語のやり取りを忘れたとき、それと同時に、微笑も忘れちゃったんですね。アメリカの社会は、沈黙はしていても、微笑する社会でしょう。たとえばエレベーターの中で一緒になっただけで、微笑する。

日本人は、エレベーターの中で微笑し合うなんてことは絶対にないですよね。スーパーマーケットのレジ係が微笑してお金を受け取るなんてことは、日本のスーパーマーケットではないけれど、アメリカだと真夜中も満面に微笑を浮かべている。

山崎　私は若い頃にアメリカから帰ってきましてね。国内便の飛行機に乗ろうとしたら、スチュワーデスがにこにこして「いらっしゃいませ」と言うでしょう。日本人のお客はみんな、ブスッとふくれたまま通っていくわけですね。私は日本に帰ってきたばっかりの新帰朝者でしたから、とっさに、にこっとして何か言ったんですね。そしたら今度はスチュワーデスのほうが異様な顔をした。このオヤジ助平な奴じゃないだろうか（笑）、きっとそう思ったんじゃないですか。彼女、凍結しちゃったんですよね。

丸谷　アハハ、ありそうな話だなあ。

衰微した社交サロン

山崎　結局、言語というのは社交の世界に成立するものなんですね。社交の世界というのは半分閉じられているけれど、ゆるやかにしか閉じられていなくて、メンバーシップはあるものの、開放されています。出入りは自由。人間関係はつかず離れず。顔を見合わすだけの距離を保つ。つまり、抱き合ってしまったら社交ではないし、かといって喧嘩しても社交ではない。そういう中間的な距離というものを守る世界でこそ、いちばん有効なのが言語なんですね。

先ほども申し上げたように、意思や感情を相手に伝えるとき、いちばんストレートなのは肉体行動ですよ。だけど、それにわざわざブレーキをかけて言葉にするというところに、社交の世界があるわけですね。

丸谷 そうですね。ただ、社交が成立するようなサロンは、近代以後は衰微していったでしょう。

山崎 ヨーロッパ諸国は比較的よくサロンを保ちましたが、日本は徹底的に破壊したんですね。その結果、一方では密着型の職場と家庭が生まれて言語の必要がなくなり、もう一方は茫漠たる大衆社会ですから、ここでは紋切り型の手垢のついた言葉が横行するという、非常に情けないことになった。その中で文学者は、細々と自分の部屋に閉じこもって、これまた他人と言語を共有しないという方向に進んだわけです。

丸谷 日本にはかつて文壇というものがあったけれど、あれはあなたの言う社交サロンとは違う。まあ、剣術の道場とか、若衆宿のようなものですね。

山崎　親分がいて兄貴分がいて、その下に若者がいる。ここで行儀作法から言葉づかいまでしごかれるわけですが、そこでの言語は上から下への伝達手段なんですね。ところが、社交の言語は必ず平等でなければならないんです。

なぜ日本の王朝でも、十七、八世紀のフランスでも、サロンの主人公は女であったか。平安朝でもルイ王朝でも、女は政治的に権力から遠い存在なんです。その女性が主人になって、虚構にせよ平等制が成立しているところに社交は生まれるわけですね。

まあ、この社交サロンについては、後でもお話ししたいと思います。

記号が言葉に取って代わる

丸谷　工業社会による都市化とともに、二十世紀に自然科学がこれだけ発達したことは、言語にも大きな影響を及ぼしましたね。
山崎　もう一つの問題は、まさにそれでしょうね。先ほど丸谷さんが紹介されたジョージ・スタイナーに、もう一つ「言語からの退却」というエッセイがあるんですが、その中にお互いに言葉の通じない理論物理学者が二人、登場します。その二人は、まったく言語を使わないで数時間にわたって対話をするんですね。つまり、数式を書けば相手に主張したいことが伝わるわけで、また相手は、「ノー、ノー」と言って、数式で答えればいいわけです。数式だけで対話ができる知的世界が生まれてしまったというのが、スタイナーの問題意識の発端なんですね。

丸谷 ハハハ、なるほどね。

山崎 自然科学は言語を記号に置き換えてしまった。先ほど言葉による意思や感情の表現に二面性があると言いましたが、ものを指し示すときも、言語には対象を剝き出しにして露にすると同時に、これを覆い隠す作用があるんですね。たとえば「水」という言葉をH_2Oと置き換えると、H_2Oという記号は純粋、明確に一つのことしか意味していないんです。ところが本来の「水」という言葉は、たしかにH_2Oも表現しているが、同時に冷たさとか涼しさとか、潤い、淡白とか、さまざまなニュアンスを含んでいます。そうすると「水」という言葉は、H_2Oを露にすると同時に隠しているともいえるわけですね。「夕暮れ」も「黄昏」も同じじゃないかというのは、H_2Oの立場であり、それは違うものだというのが、言語の本来の姿なんですね。

自然科学というのは、結局、あるものを指し示すことに徹底しようとした異様な表現法なんです。余分なニュアンスや意味はすべてはぎ取ってしまう。これが現代社会を大きく支配していて、思考法にも及んでいる。たとえば社会科学、人文科学、私はいずれも擬似科学だと思いますが、科学を名のることによって何か一義的なものを表現できると信じ込む風潮ですね。

丸谷　H_2O的な言語の使い方が理想的だという考え方が根底にあるときに、国語改革のようなものがなされるわけですね。つまりニュアンスなんてものを大事にするのは贅沢な話だという考え方……。

山崎　ええ、そうだと思います。いまや自然科学の思考法がもっとも重要であり、社会を動かしているという考え方が広がっており、一面では事実そうなりつつあります。というのは、私が科学をまったく理解しなくても、科学は一方的に私を動かすことができるわけですから。そうでしょう。早い話、私がまったく医学を理解していなくても、抗生物質を一本打たれれば、私は元気になるんです。そういう自然科学が世界を動かしている。

もう一つ、現代社会において人々は何を信じているのかと言うと、株価を始めとする経済指標でしょう。本日のダウ平均がいくらであるということは、この社会の状況をいちばん雄弁に物語っている。今や経済の数字と自然科学の記号が、言語を脅かしているんです。そういう状況の中でいかに言語を再発見していくかが課題になるわけです。

第二章　現代日本人の日本語への関心

標準語の成立

丸谷　僕はこの間の戦争のとき兵隊でしたからね、そのときの経験ですが、あれは山形で入隊して秋田で編制されてできた独立歩兵砲大隊でした。いろんな県の連隊の寄せ集めでつくりあげた大隊なんですよ。ですから、言葉がみんな違うわけですね。

山崎　一応、みんな東北出身なんでしょう。

丸谷　ええ、茨城から始まって、山形、秋田、弘前、その四つの連隊の合成でしたね。その中には標準語ってものが喋れない人が多少いるわけです。僕なんかは東北の人間ですからだいたい見当つくけれども、たとえば、山崎さんと同じように、満州から来た学生だと、言葉がまるきりわからないわけですよ。あのときは、国語問題を切実に感じましたね。なるほど、明治初年に日本国というものを人工的につくらなければならなかった人たちは、困ったろうなあと思った。

山崎　その全国版を描いたのが、井上ひさしさんの『國語元年』という芝居ですよよね。

丸谷　まさにそれですね。その後、標準語的日本語が成立したおかげで、まあ、なんとか一国が体をなして、具合がよかった。あれがあったからこそ、たとえば、汽車を走らせることもできたわけだし、医者が患者の話を聞いて診断をし、手術をすることもできるようになったわけですね。その他にもいろいろないいことがあった。

いいことがあったことは事実だけれども、いわゆる標準語反対論者が言う、それまでの言語のぬくもりというのかな、肌触りとか、安定感とか、牧歌的共同体ならではの言語生活の味が薄れたことも事実なんですね。そういう前近代的言語生活のよさというものが、近代国家によってまず壊された。それから科学技術と工業社会によって破壊がぐんぐん強烈になった。それがいまの日本語なんでしょうね。

ところが言語には、非常に変な作用があって、新しい事態に即応する局面と、それを拒否する局面とがあって、その二つのせめぎあいがあるわけです。保守性と革新性がごちゃごちゃに入り交じっている。日本語は特にそれが、なんだか強いような気がするんです。

もともと日本語の素性がよくわからない。変な成立の仕方をした言葉であって、雑種的な言語なんでしょうね。一種のクレオール（註・宗主国と植民地など二つの言語が混成した言語）だという考え方があるけれども。

山崎　クレオールですか。

丸谷　日本語系統論の研究が難しいのは、そういうこともあるんじゃないでしょうか。

山崎　語源学というのは、ほとんど不可能みたいですね。

丸谷　そうですね。だから、最初から国際化してるともいえる（笑）。純粋なやまと言葉というものが、はたしてどれだけあるかも非常に疑わしいわけでしょう。たとえば「ぜに」というのは「銭」という漢語から来たんだとか、「鬼」というのは「怨《おん》」の訛りだとか、そういう調子でやっていくと、はっきりと断定するのが非常に難しい。最初から純粋な日本語というものは非常に貧しいんじゃないか。じつにたくさんのモノが外国からの輸入品であったから。「絵」なんてのも、「額」なんてのも、日本にはもともとなかったモノでしょう。逆に考えると、だから外来語を受け入れやすい体質だとも言えるわけです。

山崎　それはたしかに言えるでしょうね。

丸谷　そうなんですね。それから言葉そのものが、言葉を破壊する力が非常に強い。あるいは変化する力といってもいい。本来の言葉の体系を守ろうとする力もまた非常に強い。非常に変なもんですねえ、あれは。

そういう言語の二面性を、たいへん過激なかたちで表現しているのが、現代日本語だろうと思うんですよ。どの国のいつの時代でもそうだったんでしょうが、今の日本はとくに大変です。

これをうんと簡単に言ってしまうと、戦争と占領と大衆社会と国際化によってものすごい重圧を加えられて、その中でなんだか必死になって生きている日本語がある。一方、その日本語の伝統をいとおしんで、寂しがったり嘆いたりする人たちがいる。いや、同じ一人の日本人のなかに伝統と革新の二つの要素があって格闘している。いまの日本語ばやりの背景には、そういうことがあるんじゃないかと思うんです。そのなかで、必死になって新しい時代に即応して、なにかうまい日本語の力、機能を身につけたいともがいている。そんな状況ではないでしょうか。

書き言葉しかなかった共通語

山崎　いま丸谷さんは、たくさんのことを一度におっしゃったので、少し腑分けをしながらお話しします。

まず、国民語としての日本語、これはかつては標準語といわれ、いまでは共通語というふうに言われていますが、これの成立がほかの近代諸国と比べてやや特殊であったと、私は思っているんです。

たとえば西洋社会を見ますと、共通語をつくる作業、あるいは言葉を洗練してコミュニケーションの手段を改良していこうという努力は、政府によってではなく、民間から始まってるんですね。古い例を言いますと、十七、八世紀のフランスでは社交サロンが盛んでしたが、ランブイエ侯爵夫人という人がたいへん立派なサロンをつくるんです。もちろん社交サロンですから、目的は遊びなんですが、その中でおのずから、言語の洗練を目指す運動が起こってくるわけですね。

ランブイエ侯爵夫人の言語改革というのは非常に意識的でして、たとえばそのサロンの中では下品な言葉はもちろん、古い表現、田舎臭い言葉、専門用語、及び新造語を排除するということをやっています。それができない人間はサロンに入れてもらえないわけですね。ですから、これはなにも政府の権力の問題ではなくて美意識の問題です。

しかも、女主人公というおよそ政治社会では力の弱い人が、その文化的権威によって言語の洗練をしていたわけです。そこには、たとえばモリエールやコルネイユも参加していて、そのサロンで語られる言葉によって芝居を書いていたんですね。こういう伝統が、まずあります。

これは文学の話に結び付けると非常に面白いんですけど、文学自体がそこでは社交的な会話なんです。フランスの詩の……まあ、われわれはフランスの詩というとどうしても、ボードレールとかランボーを思い出すんだけれども……始まりの頃、サロンでの詩というのは機会の詩、つまりオポチュニティの詩と呼ばれていました。

丸谷　挨拶ですね。

山崎　挨拶代わりの詩なんです。まさに丸谷さんの本にもある『挨拶はむづかしい』ですね。そのときのお客を見回して、その場の時宜にふさわしい、気のきいた言葉で詩を書くわけです。そういう詩の専門家もいたようですね。

フランス文学史には滅多に出てこない名前ですが、ヴァンサン・ヴォワチュールという人がいて、これはサロンの一種の道化であり演出家であり、いろいろな趣向の発明者であると同時に、機会詩の達人なんですね。で、そういう詩が内面化していって、だんだんと近代の自立した詩になっていくわけです。

ついでながら、たとえば十七世紀のフランスにスキュデリー嬢という女性がいますが、この人のサロンも楽しみの中心は知的な会話でした。才気溢れる恋愛論などを交わして、そのプレシオジテ（才女気取り）は時代の流行を先導しました。さらに、同じくサロンの女主人のラ・ファイエット夫人という人は、サロンの言葉によって『クレーヴの奥方』という小説を書いてしまいます。そういう言語世界、公と私の中間に立つような言語空間がフランスにはありました。

ドイツではグリム兄弟も民間人ですし、民間の力でドイツ語というものを統一していく。さらにその伝統を探れば、ルターのドイツ語訳聖書というものがあって、ドイツでは長く自国語で説教していたわけです。実際にはかなり地方訛りのある方言でやったんでしょうけれども、国語普遍化の基礎をつくっていたといえるでしょう。

イギリスでは、丸谷さんがおっしゃったように、欽定訳の英訳の聖書とシェイクスピアの英語が大きかった。どちらも政府の権力とは関係なく、国民語というものが形成されていったわけです。

丸谷　それが日本では、そういう共通の言葉がなかった。

山崎　そうなんです。それに引き換え日本では、不幸なことに共通語は書き言葉しかなかったわけです。武士階級、あるいは貴族の人たちは、書き言葉を通じて普遍的な言葉を持ってました。

振り返ってみると、室町時代には、一種の社交サロンが成立していて、話し言葉の統一の芽生えはあったといえます。これはお茶の会であり、連歌の会であり、さらには庶民たちにとっては狂言ですね。まあ、能はやや書き言葉に近いほうですけれども、狂言になると話し言葉です。

丸谷　そうですね。あれは典型的に社交サロンですね。

話し言葉は地方語で

山崎　都ぶりというものがありまして、この都ぶりは不思議なことに、ある種の求心力というか規制力を持っているんです。しかし、けっして強制されるものではない。都ぶりは、地方の人たちにとって憧れの対象なんですね。もちろん、それには都会人が田舎者を軽蔑するとか、いやらしい要素はいろいろとあったと思います。これは『徒然草』を読めば、はっきりそう書いてあるのでわかります。

丸谷　首都崇拝と地方軽蔑というのは、古来、日本文学の基本的な調子ですね。

山崎　室町時代には、そういう国語形成の気運が若干芽生えるんですけれども、その後、戦国を通じて大名支配が成立して、やがてそれが江戸時代の一種のセミ封建制に落ち着くに及んで、地方の自治がどんどん進む。すると、話し言葉は、ほとんど方言ばかりになってしまうんですね。

ただ一つ例外があったというのは、司馬遼太郎さんの説で、これは本願寺の坊さんの説教が全国共通の言葉によって語られたというものです。しかし、これがどれくらい普遍的であったか、私は知りません。本願寺の坊さんは日本中にいますから、ある程度は共通の言葉で説教したかもしれません。しかし、坊さんたちも、そのうちに末寺に定着します。定着すると地方の人になりますから、たとえば東北の浄土真宗の坊さんが都ことばで説教してたとは思えないんですね。

丸谷　ええ。

山崎　ということは、要するに話し言葉は完全に地方語であった。いわば方言であって、書き言葉だけが標準語という状態が、ずっと江戸の末期まで続くわけですね。たぶん一部の都市民——京、大坂、江戸、少なくともこの三つの都市の間では、話し言葉が通じたと思います。何だか変な言葉を喋るなあと思いながらも、上方歌舞伎を江戸庶民も喜んで観たし、その逆もありました。おそらく『東海道中膝栗毛』のあの世界は、一つの共通言語世界だったと思うんですね。でも、それは極めて限られていた。

そういうなかで明治国家は、一気に標準語をつくらざるを得なかった。これが日本語にとって、たいへんかわいそうな事態だったと思うんです。

丸谷　そうなんですよ。それはやはり藩によって分離されていたし、それに何しろ無口な文化だったから。国民的英雄が西郷隆盛なんだもの。

旧士族の間でできた人工語

山崎　それで、井上ひさし氏の『國語元年』に出てくる人物たちは、一所懸命に苦労して標準語をつくるわけですね。政府は教育によって、つまり教科書というものを通して標準語を普及させました。

同時に非常に影響が大きかったのは、大正になってからですが、日本放送協会がラジオ放送を始めたことです。これが話し言葉の共通語を全国に伝えた。面白いのは、NHK標準語の母体になっているのは、東京山の手言葉なんです。ということは、先ほど丸谷さんがおっしゃったように、初めからインターナショナルな言葉なんですね。つまり、山の手にいた人たちは、下町の江戸っ子ではないんです。だから、あれは江戸弁ではないので、初めから明治官僚、つまり旧士族の間でできた人工語だったんですね。

丸谷　そうです。

山崎　それを標準語として普及させた。ノスタルジックなふるさと論者に言わせると、けしからんことでしょうけれども、私はよかったと思います。たとえば庄内方言を標準語にしたら関西人はめんくらうし（笑）、関西方言を標準語にしてもやっぱり具合悪かった。というのは、これはそれぞれの土着の言葉で、いわば抽象性が低いわけです。ところが山の手言葉というのは、もともと生活の匂いのもっとも希薄な言葉でしょう。言わば誰のものでもない日本語を共有したのは、おおむね正解だったんじゃないでしょうか。

丸谷 僕も、ほぼよかったんじゃないかと思いますよ。逆にいうと、あれ以上の解決策はむずかしかったんじゃないかなあ。

山崎 もちろん、それ以前に権力と無関係の権威があったらよかった。ちょっと注釈をつけますが、私は権力と権威という言葉を、厳密に分けています。つまり、権威というのはおのずから光る後光のようなものでありまして、みんなが自然に憧れるものです。権力は、憧れられることもあるだろうけど、だいたいは力をもって強制するものでしょう。そういうふうに分けると、たとえば都市文化は権威なんですね。都市文化のような権威によって日本語がまず統一され、それを国家がオーソライズしてたらよかったと思うんです。残念ながら国家のオーソライゼーションがいきなり始まったというところが、日本語の特殊な問題だと思いますね。

丸谷　たとえば『小倉百人一首』なんてのは、権威なわけでしょう。そして、明治の国定教科書、あれは権力だと、こういうわけでしょう。

山崎　まさにその通りですね。NHKもセミ民間団体だけど、権力みたいなもんです。受信料という名の税金とってるんですから。

丸谷　うん、あれは権力ですよ。権威ってものは、敬愛の念を持たれるものなんですね。その敬愛の念を、NHK文化は持たれていないんだなあ。

山崎　裏返せば、私的な世界に規制力が生まれなかった。イギリスに、フェビアン協会という社会民主主義運動があったんですね。フェビアン協会の会員になろうとすると、ここにバーナード・ショーという恐ろしいおじさんがいまして、そのサロンに出席しなきゃいけない。で、そこで気のきいた会話のできないやつは、排除されてしまうんですね。これ、社会主義の運動ですよ（笑）。

社会主義者になるのに、お洒落な英語ができて、気のきいたジョークが言えないと、資格がもらえない（笑）。つまりここにはサロンが生きてるんですね。そういう言葉に対する、権威による規制というのが、まったく日本では働かなかった。

明治国家の言語的革新

山崎　ちょっとここで話を具体化するために、面白い例を紹介したいのですが。加賀野井秀一さんという人が『日本語は進化する』(ＮＨＫブックス)という本で、日本の近代語はいかにして成立していったかということを事実に即して叙述しています。本の冒頭で、明治十年前後の八種類の文体の例を紹介しているんですが、面白いのは、それがすべて一人の人物――西周《あまね》なんですが――によって書かれているんです。

文章を書くのに八種類の文体があった。それも一人の筆者にですよ。そのどれもが彼にとって自分のものであると同時に、身についていないものだった……。

ちょっと、その八種類の文章を引用したいと思います。

①東土謂之儒、西洲謂之斐鹵蘇比《ヒロソヒー》、皆明天道而立人極、其實《(そのじつ)》一也

②本譯《(ほんやく)》中所レ稱、哲學、即チ歐洲儒學也、今譯ス二哲學一ト、所三以テ別二ツ之ヲ於東方儒學一ニ也、此語原ト名《(なづ)》ク二斐魯蘇非《フイロソフイ》一希臘《(ギリシヤ)》ノ語

③アベセ《ABC》二十六字ヲ知リ苟《いやしく》モ綴字ノ法ト呼法トヲ學ヘハ兒女モ亦《また》男子ノ書ヲ讀ミ鄙夫《ひふ》モ君子ノ書ヲ讀ミ且《かつ》自ラ其意見ヲ書クヲ得ヘシ

④一　軍人第一の精神は秩序を紊《みだ》ること無きを要す、凡《およ》そ軍人たる者は、上に朕《ちん》を戴《いただ》きて首領となすより、下最下等の兵卒に至るまで其間に官階等級ありて、貴賤相隷屬《れいぞく》する所有るは勿論《もちろん》、同列同級の間にても亦《また》停年に新舊《しんきゅう》有りて、新任の者は必舊任《かならずきゅうにん》の者の指揮に從ふを法とす

⑤早速震災御見舞状辱《かたじけな》く拝見致候《いたしそうろう》、幸ニ關東は性質緩慢ニ而體《してたい》したる損害も無之《これなく》、小家は朝飯時ニ際し小生はパン之一小片を其儘《そのまま》携へ六疊の間へ出掛ケ八疊と間の唐紙を開き候位《そうろうくらい》ニ而《して》、其中に鎭靜ニ赴き申候《もうしそうろう》

⑥このまなびエウロッパにては、いとふるくより、つたはりつるものにて、かのギリシアのむかし、アリストットル《テレス》てふ《という》、なだかきものしりにはじまりて、これを、ロジ

ックのち〻《父》となんいひぬる

⑦いま　なにまれ《もあれ》　かにまれ《もあれ》　なが〳〵と　いひ　のべつる　ことを　はなし《話》と　いひ、その　はなしを　わかつ　ときは、ち　よろづ《万》の　ことばと　なり、また　ことばを　こまやかに　わかつ　ときは、くさ〴〵の　こゑ《声》とぞ　なりぬる

⑧一ツハ一ツ、百ハ百、水ハツメタイ、火ハ熱イト云フト同ジヿ《こと》デ、三歳ノ小兒モ能《よ》ク知ルヿ《こと》デハゴザラヌカ

①が漢文の白文、②が返り点付きの漢文。③が漢字片かな混じりの和漢折衷体。④が漢字平かな混じりのやはり折衷体。⑤は手紙に用いられる訓読調の候文というんですね。⑥が西洋かぶれの、ということは西洋風の用語をたくさん入れて、ほとんど漢字を一字も使わない和文です。⑦はもっと擬古的な和文体。⑥と⑦ははっきりと違うんです。⑧がござる体の講述体。

つまり、西周の段階では、いかにして共通の新しい書き言葉を探るかということでさえ、

こんなに苦しかった。いわんや話し言葉は絶望だったと思うんですね。

丸谷　そうですね。明治国家は近代国家として成立するために、言語的な革新をいろいろとやりました。みんな標準語のことしか言わないんですよ。

最初にまず標準語をつくった。それから字体を定めました。明朝体と楷書、さらに句読点、段落も導入した。明治以前は段落ってものがなかったんです。それから西洋語を翻訳して訳語をつくりました。たとえばパーラメントなら議会とか、ステーションなら停車場とか駅とか。かつては漢語に訳していましたが、第二次大戦後は片仮名表記が増えました。それから文体。「だ」「である」と「です」「ます」の二種類の口語体をつくった。それからこれはあまり言われていないけれど、読み方で黙読というものも広がりました。

山崎　それは大きなポイントでしょうね。それ以前は、漢文の素読も朗読でしたから。

丸谷　この標準語、字体、訳語、文体、黙読を総合した結果、国民がテクストを読むときの速度が速くなりました。圧倒的に読みの速度は速くなったけれども、書く速度のほうは、まあ、それほど速くならなかった。それをなんとかもっと速くしたいという意図が、国語改革にはありましたね。

山崎　ああ、なるほどね。

丸谷　非常におかしい話なんですけど、読み書きの能力の問題だけに明治政府の言語政策は限定されていたんですね。つまり、文章の書き方とか、文章を頭の中でつくることによってものを考える力は絶対に改良しようとしなかった。

山崎　ハハハハ。なるほど。

丸谷　それが明治政府の国語政策だったわけですね。読み、書きは機能的にしたかったけれど、文章を作るためには、本当はものを考える力が必要なんです。しかしお上としては、人民のものを考える力は昔のままの状態にしておきたかった。それで、国民全体の思考が古い型のままのときに、新しい文学が出てくる。すると、一番困るのは評論の文体なんです。文芸評論の文体が革新されたときに、一見革新と見えながら、しかし実は革新の度合いが非常に変なものであって、情感的、非論理的な、飛躍に富んだ文体になってしまう。

山崎　おっしゃる通りです。まずね、いまおっしゃったことの中で、文字の問題は非常に重要だったと思いますね。つまり、楷書、特に仮名の楷書はおそらく明治になって一般に普遍化したものだろうと思うんです。それ以前の仮名はすべて草書か行書でありまして、筆という筆記具で書くことと大いに関係がありました。これが鉛筆になり、万年筆になることと楷書の普及は、深く関連していたと思いますね。

丸谷　そうです。

山崎　もうちょっとプロの作家の話になると、原稿用紙というものの成立も面白いと思うんです。最初の頃は原稿用紙という概念がわからない人も、ずいぶんいたんですね。

滝田樗陰が中央公論の編集者として原稿料を配って歩いてた頃に面白い話があって、某という作家のところへ行って、突然それまでより安い原稿料を払った。で、作家が不満そうな顔をしたら、彼は突然、原稿用紙を持ち出して、あなたの原稿を揺すってみると、と言うんですよ。四百字詰め原稿用紙に置き換えたら半分しか書いてない（笑）。つまり、その作家にとって、まだ原稿用紙というものが原稿料を計る枡目であるという認識がなかったわけですね。好き勝手に書いていた。まあ、そういった筆記具とか紙も、たぶん楷書の成立に大いに関係があっただろうと思うんですね。

丸谷　その通りです。

山崎　たとえば、私個人の経験に即して言いますと、思考の速度と書く速度が一致したのはワープロが出てきてからなんです。ワープロでもパソコンでもいいんですけれども、私はきわめて下手くそで、ゆっくりしか打てません。ゆっくりしか打てないけど、私の思考速度もゆっくりだから、いまのところ一致してるんです。

ところが、かつて私はペンで書いていたときには非常に苦しかったんですね。つまり、私のペンのほうが思考速度に追いつかない。ですから、そういう変化というものはずいぶん大きかっただろうと思います。

丸谷　僕は、いまだに原稿はペンで書いていますよ。

日本語は進化する？

山崎　先ほどの加賀野井さんという人は、日本語は進化するという立場の人ですから、日本語はかなり早くから論理化の方向に進んでいたという見解の持ち主で、そもそも返り点付き漢文から和文に移ったときに、主格の助詞が普及したというんですね。私はこれはなかなかいい視点だと思います。

たとえば「猫、鼠食う」という場合、常識的に考えて猫が鼠を食ったと読めますが、逆の読み方も文法上は成立してしまうわけです。それが、「猫が鼠を食う」というふうに「が」と「を」という格助詞を入れることによって和文が成立する。これは論理化だと、加賀野井さんは言っています。私もその点は賛成です。それから、詳しくは紹介しませんが、オランダ語や英語など西洋語との接触によって論理化が進み、たとえば日本語に受け身形が成立する。

ただ、私が即座に納得できないのは、現代の若者言葉にも進化・論理化の考え方を適用してるんですね。それは加賀野井さんの新説ではなくて、かなり前から言われているんですが、いわゆる「見れる」「来れる」の「ら」抜き言葉なんです。要するに、「ら」を抜くことで、可能と尊敬をはっきり分けているんだと言う。

丸谷　ああ、それ、よく言いますね。

山崎　「来れる」は可能で、「来られる」は尊敬だと。

丸谷　あれによって「ら」抜き言葉を擁護する。

山崎　若者がそんなに意識して使い分けているか、そのへんになるとちょっと怪しいけれども、日本語の論理化が外国語との接触によってかなり進んだというのは、たしかに当たっていると思います。

日本語という言葉は、たびたび外国語と接触しました。いちばん最初はもちろん漢字文化ですが、蘭学にぶつかり、さらに現代の英語やドイツ語に接する。これは功罪相半ばしますが、ドイツ語が日本語に及ぼした影響は非常に面白いですね。というのは、ドイツ語という言葉自体が、ある意味では西洋における田舎の言葉でして、ラテン系の言葉や英語をずいぶん翻訳しているわけですね。その翻訳をするときに、ドイツ語というのは、何と言えばいいんでしょうね、言葉のさまざまな要素をただ繋いでいくと……。

丸谷　膠着語的なのね。

山崎　たとえば、想像力のことを英語でイマジネーションといいますが、カントのドイツ語ではアインビルドゥングスクラフト（Einbildungskraft）というんです。アインというのは一つ、ビルデンは組み立てるとか、つくる。で、クラフトは力ですから、これで構想する力ということになる。おまけに後ろにハイトとかカイトとかくっつけると、これは「性」という意味ですから、こういう言葉は実際には存在しませんが、もしアインビルドゥングスクラフティッヒカイトといえば、たぶん想像力性という言葉になる。

丸谷　なんでもくっつけていけば、新しい言葉ができてしまうわけですよね。

山崎　こういう言葉が西洋文化の一つの代表として日本に入ってきたとき、ちょうど日本語は抽象的な言葉を一所懸命に翻訳してつくってるときだった。だから、ある意味では助かったんですね。つまり単語を連ねていけばいい。いま言ったように「構想力」で、「性」と付ければ抽象語になる。それでずいぶん楽をしてしまったんですね。特に文科系の言葉、人文系の言葉、思想系の言葉は、これの影響が大きかったですね。

丸谷　日本哲学は、あれで骨抜きにされちゃったようなところがあるんだなあ。

山崎　でも、それはやはりたいへんな仕事でね。たとえば、理性と悟性、これはドイツ語でいいますと、フェアヌンフトとフェアシュタントなんですが、これを二つ訳し分けることができたのは、やはり漢語の造語力のおかげだったと思いますね。同時に、そこには日本人の漢語に対する尊敬の念の欠如があったかな。中国人は、こんないい加減なことはやらなかったと思うんですね。

丸谷　うーん、僕は、やまと言葉だとかなり語感が働くのね。漢語だと、たとえば理性の理、悟性の悟、どういう語感かなあと考えると、ピンとこないんですよ。だから「悟り」という言葉とか「わけ」とか「ことわり」とか、そういう言葉だと語感がピンとくるような感じがする。言葉に出して言うのは難しいけれども、そういう語感的なものが漢語の場合には働かないなあ。

山崎　でしょうねえ。これが、むずかしいところでね。

丸谷　むずかしい。

言文一致運動の失敗

山崎　これは広く知られてることですけども、最初にキリシタンバテレンが日本に来て、愛という言葉を教えようとしたんです。だけど、そんな言葉は日本語にはない。漢語の「愛」とはまったく意味が違う。誰が訳したのかわからないけれども、結果的に「御大切」と訳したんですね。

丸谷　「愛」とは御大事に思うことをいう。

山崎　そうそう。だから、そういうのはたしかに語感に触れるんだけれども、しかし、翻って考えてみると、キリスト教における愛を「御大切」と訳して、それが正解だったかという疑いも起こるわけですよね。だから、漢語の持っていた抽象性というのは、言ってみればフグの肝みたいなものですね。うまいけど、危ないという。

丸谷　それから第一、早いしね。

山崎　そう、早い。

丸谷　「御大切に思う」ことで語感は伝えられるかもしれないけれども、のろくてのろくてね、大変でしょう。やっぱりそれは一種反近代的な行為なんだな。

山崎　そうですね。この加賀野井さんが書いているように、ほんとに明治の段階で話し言葉と書き言葉を連結する――けっして私は言文一致とは言いませんが、連結すること自体が大変なことだったと思いますね。これは再三、私たちは思い出しておいたほうがいいと思うんですね。

しだいに言文一致運動が起こってきて、「話すように書く」という運動が起こるんですが、これは私は結果的に大失敗であったと思います。「書くように話す」べきだったんですね。この時代に話すように書けと言ったって、もともと土台無理な話だ。話し言葉に統一語はなかったわけなんだから、ほんとうは書くように話せばよかったんですね。

丸谷　言文一致というのは、要するに宣伝のための言葉なわけでしょう。だから不正確なもんなんですね。たとえば万年筆といったって、何も一万年もつわけがないのと同じで(笑)。これは誇張なわけですよ。ところが、その誇張を文章作法に当てはめるときに、誇張だとは思わないわけですね。ある意味で言文一致を推進した人たちは、非常に真面目な人たちだったわけですよ。でも、それでは困るんです。

山崎　それとね、話すように書くということは、結局その話し言葉がどういうものであったかによるわけです。もともとの話し言葉がある種の客観性を持っていたら、客観性とは言わないまでも、開かれた公共性を持っていたらよかった。日本語の話し言葉には、それが乏しいんです。ちなみに私は、そういう開かれた話し言葉を「鼎話《ていわ》」と呼んでいるんです。新しい言葉を使いますので、ちょっと説明します。一対一の対話というのは、実は言葉の交換ではないんです。

丸谷　ほう、その話、もっと詳しく聞かせてください。

第三者に理解される言葉を

山崎　深入りすると、また長くなるんですが、一対一の言葉というのは結果的にお互いが了解し合うなり、行動を共にする結果を招けばそれでいいんです。前にも触れましたが、二人きりの了解のためなら、「好きだ」と言う代わりに抱きついてもいい。「嫌いだ」と言う代わりに殴っても意は通じます。この場合には言葉は本来いらないのに、たんに便宜的に使ってるだけの話です。そういう一対一の伝達がほんとうの言葉のやりとりになるためには、第三者の入った鼎話のかたちになる必要がある。要するに傍観者が一人いて、その傍観者に理解できる言葉で二人が話し合って、初めて言葉が不可欠になるわけですね。

丸谷　僕とあなたとの対談は、いつも読者という第三者にわかるように話をしてきた。そのことを二人とも非常に意識してしゃべったし、それに僕たちの話のし方はもともとそういう話し方だったから、それで百回以上も対談をすることになったんです。

山崎　ええ。芝居なら、二人の役者の言葉を観客が立ち聞きしている。ところが、日本語の世界はそういう第三者を介在させない一対一の対話構造が非常に多いんです。とくに近代の日本においては、第三者に理解されるような鼎話構造が成立する場所がないんですよ。みんな均質の集団で、家族か職場の仲間か、でなきゃよその人ですからね。「うち」と「おたく」なんです。だから、そういう関係の中で、鼎話構造はなかなか成立しにくかった。第三者を排除した対話を基盤にして、二人だけが了解すればよいとすれば、言葉は一種の隠語のようなものになって、そこから客観性が出てくるわけがないんです。

そういう背景のなかで、話し言葉をつくっていったら、無限に隠語が増殖するだけなんですね。若者言葉とか業界言葉とかですね。

丸谷　その輪の問題を抜きにして精神の問題を考えると、近代的自我ということに行っちゃうんです。

山崎　そうなんです。それがまた毒を生むんです。

丸谷　ところが、近代的な輪というものがあって、そこで人間が生きるんだというふうに考えていけば、そのときには近代的自我ではなくなるんです。単なる自我があればそれですむんです。

山崎　そう、隣人に開かれた「私」、昔からあった普通の自我ですね。それが存在しなかった結果、非常に深刻な問題が起こったのは、論理的正確さの欠如ではなかったかと思います。必要だったのは、むしろ事物を記述する言語だったんですね。物事をありのままに写すという言語が、日本ではなかなか成立しなかった。

このことを先見性をもって見ていたのが、実は福沢諭吉でした。福沢諭吉という人は演説を非常に重視しまして、公共の場で語る話し言葉を模索した人です。三田には演説館がありますね。それと同時に、彼は新聞記者というものを育てたいと思っていたんです。

彼のお弟子に高橋箒庵《そうあん》という人がいまして、これは後に茶人として有名になる人ですが、同時に三井財閥の番頭さんとして活躍して、三越百貨店を近代化した人です。この高橋箒庵が最初、新聞記者になろうとして福沢諭吉のところに入門したら、真っ先に諭吉が教えたことは、人力車を見たことのない人にわかるように記述する文章を磨け、ということでした。意見とか感想は二の次だ、人力車はどんな物でどんな形をしていてということを、見たことのない人にわかるように書け、というわけです。これが事物の記述ということなんですね。

英語でいえばディスクリプション、ドイツ語でいえばベシュライブンクで、西洋では普通の言葉なんです。だけど、日本語では記述というだけでは何のことかわからない。感想を述べたり意見を主張するほうは、むしろ過剰なほど普及しているんですが。

丸谷　物事を見た通りに書く言葉、あるいはその能力は、今でも日本語と日本人にもっとも欠けていることですよ。

記述こそ学問の基礎

山崎　私が阪大の教師をしているとき、入学試験の問題を順番につくらされたんですが、あるとき私は作文の題を担当させられたことがあります。で、私は一枚のごく平凡な写真を印刷しまして、この場面を見た通りに記述せよという問題を出しました。写真というのは、踏み切りがあって、遮断機が降りていて、中年の男と自転車の子供が待っている、その前を電車がかなりのスピードで通過しているという場面です。

さあ、大変なことになりまして、まず予備校から囂々《ごうごう》たる非難。こんな問題見たことない、これでは意見も主張もできないから個性の否定である、生徒の人権蹂躙である。さらにもっとひどかったのは、新聞記者から、記述とは何ですかと聞いてきた。新聞記者がですよ。新聞記者が、記述とは何のことですかと聞くのが日本なんです。

丸谷　僕が入学試験の日本語作文の出題者だったらどんな問題を出すか、という話を座談会の席でしたんです。十センチ四方の五万分の一の地図を出して、この地形を四百字で記せ。そうすると、北のほうに海があって、東に岬があって、西のところに小さな島があって、それから南のほうの半分は平野になっていて、というようなことを四百字で書ければいいわけですよ。そういう基本的な能力が、いまの日本語で一番欠けていることですね。

山崎　そうなんです。おっしゃる通りです。

丸谷　その話をしたら、精神科医である女医さん……小西聖子さんが、私は国語も作文も子供のとき大嫌いだった。ただ、教科書を買うと、教わらないうちに全部読んだ。でも、いまみたいな作文の出題だったら、どんなに私は張り切って書いたでしょうと言ったんです。そういう人は、とくに理科系の優秀な人に多いんじゃないかなあ。

理科系に限らずとも、日本人全体がそういう教育を子供のときからされていれば、ずいぶん話が違っていたと思うんですよ。

山崎　いまのお話に水を差すわけではないんですが、理科系の優秀な人とおっしゃいましたよね。優秀な人はそうです。ただ、優秀でない人はどうするかといったら、ジョージ・スタイナーが嘆いたように、何もかも記号にしちゃうわけですね。記号だけで説明できる世界が、科学にはありますから。

でも、たとえば生物学や地学といった学問は、物事を記述しなきゃいけないんですね。文科系の学問もほとんどすべてそうです。考古学で遺物や遺跡を写真に撮っても、それだけでは何の意味もない。「ほらほら」と指でさしても、現象は存在することにならない。それがどういう形であるか、言葉による記述があって初めて事実は存在することになって、論争が始まるんですね。ですから、すべての学問の基礎になり、社会生活の基礎になるのは記述なんですね。

丸谷　そうです。そういう訓練を放棄したのが、明治以後の言語教育だったんですね。

山崎　現代の日本は、一方に完全な記号の世界、数字の世界がある。他方には完全な主観的印象の世界があって、中間がないんです。これでは社会が成立するわけがないと思うんですね。社会というのは共通の認識の上に成立するわけですから。

丸谷　僕は、日本は言語的分断国家だと主張しているんです。一方に政治家の漢語好きがあれば、もう一方には若者の片カナ好き。文藝評論家の晦渋な文体と小説家のエッセイ風文体。歌舞伎の外題《げだい》の難読漢字タイトルと映画のタイトルの片カナづくめ。問題を起こした会社の幹部の謝罪の素っ気なさと若者の携帯電話の饒舌……挙げていけばキリがありませんよ。

隠語の世界だった文壇

山崎　おっしゃる通りです。論理的能力ということで言えば、日本の文藝評論でもそうです。たとえば小林秀雄の有名な「花の美しさというものはない。美しい花があるだけだ」というのがありますね。これは何を言っているのか。哲学科の一年生でもわかる話ですが、およそ範疇《はんちゅう》化ということはできない、と言っているのか。つまり個別の例を集めて抽象化してものを言ってはいけないということなのか。だとすると、「無常といふこと」も成立しなくなります。無常な事件があるだけだ、ということになってしまう。

もっと言えば、もし花の美しさがないと言うなら、美しい花というものも存在しないんです。ある瞬間の美しい花の印象があるだけだということになる。ですからこの文章は、どう読んでも非論理的で、一種の啖呵《たんか》のようなものでしかないわけです。それが敬意をもって許されてきたのが、日本の文壇の不思議さですね。

丸谷　思考そのものが韻文的、叙情的だったから、論理的な散文の文体が成立しなかったんですね。まあ、それは大正以来続いてきた日本の文学的貧しさそのものですね。そしてその貧しさというものに興奮し酩酊するのが批評家志望の青年であった。

斎藤茂吉の短歌はいいものがあると思いますけれども、茂吉やアララギ派が歌人相手にやった論争は、ろくなものはなかったですよ。あくどい調子でガンガンやってね。相手を沈黙させる。それが論争の上手だと世間も本人も思ったのでしょうか。

たとえば、伊藤左千夫だったかアララギの歌人が与謝野晶子の「鎌倉や御仏なれど釈迦牟尼は美男におはす夏木立かな」という歌を批評して、いい男などということを歌に詠むのはそもそも花柳界の女の態度である、下等であると言っているんですよ。いい男だとかいい女だとかいうことは、文学では言うべきではない、と言いたいんでしょう。

山崎　ハハハハ、じゃ、江戸文学を全部否定しようというわけですか。

丸谷　やっぱり人間としての品性がおかしいし、論理的な思考力がまったくないでしょう。いまでもそういう論じ方をする人がいるけれど、昔ほどじゃなくなった。

山崎　要するに、怒鳴り声や啖呵は言葉じゃないんですよ。それを自我の主張であるかのように尊ぶような錯覚が罷り通ったんですね。

丸谷　怒鳴るのが文章だという錯覚、あるいは泣き落としが文章だという錯覚、それでいくと散文は成立しないんです。

山崎　左翼文学は怒鳴り散らし、「私小説」は泣き落とす。文壇そのものが、隠語の世界だったんですね。

丸谷　職業的な文筆業者には、一国の文体の標準をつくるという使命もあるわけですね。でも、その面で考えると、日本文学は非常に弱かった。一つには、やっぱり読者の数が少なかったんですね。第二次大戦が終わって経済成長が始まってから読者の数が増えて、文章の教師としての作家もかなり増えました。

僕は、たとえば司馬遼太郎という人の文章は、かなり一国の文化に対して影響力が強かったと思うんですね。ああいう調子でものを考え、ああいう調子で文章を書けば、かなり広い範囲にわたって、普通の口調で語りかけることができる。自分と意見の違う人に対しても語りかけることができて、説得することができるかどうかは別にして、とにかく面白がらせた上で穏やかに自分の意見を言うことができる。そういう文章を、彼はかなり模範的に示したと思います。

二音連結と七・五調

山崎　少し話題を変えまして、日本語の歴史はほぼ二千年近くありますが、もっとも一貫した日本語の特色、つまり日本語のアイデンティティーは何だと思われますか？

まずね、『万葉』の日本語は表記法がまったく現代とは違うわけで、これを読める人は専門家しかいません。文法構造も変わりました。たとえば係り結びなどは現代語にはありません。格助詞も昔の日本語にはありませんでした。単語もずいぶん変わりました。『万葉』からみれば、単語はおそらく五割は違っているでしょうね。

にもかかわらず、『万葉』から現代の若者言葉まで一貫してるのは、実は二音連結の伝統なんです。これは二音ずつがひと固まりになるという性質で、二音を二回繰り返すと四音になります。それに一字足しますと五音になります。二音連結は非常に滑りのいい言葉で、気分がどんどん先へ進むんですね。一音はそれを止める作用がありますので、五音というのはまとまります。

次に二音を三つ繰り返して一音で止めると七になります。つまり五・七調、あるいは引っ繰り返して七・五調。五と七というシラブルが日本語の息づかいの基本になってるんですね。これは延々と続いている。

五・七調は、戦後の日本では一部の人たちから猛烈な非難を浴びました。たとえば桑原武夫は、短詩形芸術は第二芸術であると言い、あるいは小野十三郎という詩人は、五・七調は奴隷の韻律であると言いました。これは流行った。で、みんなで退治したつもりだった。しかし、五・七というのは実に脈々と生きていまして、警視庁が立て札を立てます。「この土手に登るべからず警視庁」。ちゃんと五・七調になっている。

丸谷　ははは、そうですね。短歌や俳句をつくる人口はいまでもきわめて多いですよ。新聞の投書欄の議論のし方がどうも程度が低いのにくらべて、短歌・俳句欄のレベルの高いことは、注目すべき現象です。やはり現代日本人はものごとを七・五調でとらえて生きているようですね。すくなくともそのときに力を発揮しがちである。

山崎　とにかく五・七調はあれだけ叩かれたにもかかわらず、二音連結だけは残っているんですね。具体的に言いますと、「ガラス戸」という言葉がありますね。これを「ガラス・ド」と発音する日本人は、百人に一人もいない。ほとんどの人が「ガラ・スド」と発音しています。

丸谷　そうだねえ、なるほど。

山崎　古い例をいうと、熊本県に見られる現象で、漁火が不思議な火に見えるものを

「不知火」と呼んでいるわけですね。ところがこの「しらぬ・ひ」という言葉がだんだん

「しら・ぬい」と呼ばれるようになったため、『白縫譚』というものが生まれるんですね。

丸谷　そうです。

山崎　二音連結というのはそういうことなんです。つまり、文意とは無関係に二音ずつ連結していく。たとえば現代でいいますと、「マス・コミ」「コン・ビニ」「ケイ・タイ」、これ全部二音連結なんですよね。「ドタ・キャン」、これは若者用語ですが、土壇場でキャンセルするのをこう言います。という具合に二音連結は完全に生きている。

　このリズム感覚は、理由はわからないんですけれども、とにかく文法よりも語彙よりも執念深く、歴史を通じて一貫性が高い。非常に不思議です。ある人に言わせると、これは農耕民の二足歩行と関係があるというんですね。

丸谷　なるほど、面白いな。

山崎　歌舞伎でナンバという独特の歩き方があります。これは、普通人間が歩くときには右足を出すときに左手を前に出し、左足が出るときには右手を前に出すわけですが、右手と右足を同時に出す。そうすると完全に体が左右に揺れるわけですね。これをナンバというんですが、これはたしかに田植えのときの体の運び方と同じです。そしてこれは「右

左、右左」と、二拍子のリズムをつくる。

丸谷 そう言いますね。

山崎 相撲がそうなんです。ボクシングはまったく逆で、左足で踏み込んで右手で打つんですね。しかし、相撲は右足で出ていって右手で押す。だから、たしかに一理はある。しかし、論証はできてません。どうしてできたのかわからないけれども、たしかに二音節というまとまりは日本に牢固としてあるんです。

丸谷 そうですね。さっき七・五調のことをおっしゃったでしょう。あの七・五調はね、大野晋先生のタミル語起源説でいくと、タミル語のサンガムという歌はみんな七・五調なんですって。

山崎 その起源がタミル語かどうか私は知りませんが、たぶん南方系の、つまり太平洋の島国の中にもきっとあるでしょう。なぜかというと、マレー、インドネシアの言葉には、二音連結のオノマトペイアみたいな言葉がずいぶん多いようですね。日本語でいうゴロゴロとか、ザワザワとかいうような。

丸谷 ちょっと話が別口のところへゆくみたいですが、大野さんのタミル語系統論はなかなかいいと思いますよ。わたしはかなり説得されています。それに、はじめのうちはあんなに喧々囂々《けんけんごうごう》だったのに、『日本語の形成』という大著が出てからは反対論が聞かれなくなりました。大野さんの『日本語の水脈』という文庫本にこないだ解説を書きましたから、何かのときに読んでいただけると嬉しいな。文庫本だからあっという間で読める(笑)。本論に戻ってください。

原日本語のリズム

山崎　たとえば日本語で「ほと」と言ったって何も意味しない。別のものを意味しちゃう危険さえある。「ほとほと困る」とか「つくづく考える」とか、これは四音連なって初めて意味を生じるんですよね。

面白いのは、漢字で西洋の概念を表現するときも、たいてい四音節になってるんですね。

丸谷　たとえば？

山崎　「概念」とか「観念」、「芸術」、「経済」、「精神」といったふうに、西洋語を漢語に訳してもっともらしい言葉をつくるときに、二音連続の四音が多いんです。この二音連結の威勢のよさ、流れのよさが日本人を魅了したんじゃないかという気がしますね。意味はよくわからないけど、はなはだピンとくるような気がするでしょう。「構造改革」なんていうと、何かたいへん立派なことを言ったように聞こえるじゃないですか。

先述の加賀野井さんがほかの人の言葉を引用して、カセット効果と言っています。新しくつくられた言葉はカセット、つまり宝石箱のようなものだ。宝石箱は何か入ってるから値打ちがあるんだけど、しかし箱だけ見てもなかなかきれいだ。中に何という意味が入っているかわからないけど、箱つまり言葉の外観や響きだけでありがたく思える。そういう効果がありますね。

丸谷　結局、漢語が来たせいで日本語はおかしくなったという説があるでしょう。

山崎　私は、むしろ逆の意見を持っていましてね。

丸谷　でも、漢語がなかったら非常に具合悪かったでしょうねえ。

山崎　日本語の二音連結に乗りやすかったので、漢語が力を持ったと考えるんです。だから、英語がこれから日本語にどんどん入ってきたときにどうなるか、非常に興味深い。

丸谷　ただね、漢語が入ってきたときには漢字という単位があったわけでしょう。その漢字には偏とか垂れとかがあって、一種の意味を表現するわけですね。馬や牛の炭疽菌、あれを新聞ははじめのうち「炭そ菌」と書いてましたが、これじゃあ「炭素」と間違えられるというので「炭疽」と書くことにしました。こうすれば「疽」のヤマイダレのせいで、ははあ、「病」「疫」「疾」の同類だなと何となくわかるわけですね。つまり喚起性に富む。「そ」じゃあ何も連想させないから無力なんです。ところが、たとえばパーソナル・コンピュータは長くて言いにくいから「パソコン」にする。その場合の「パソ」という言葉に普遍的な作用はあるのか。コンピュータの「コン」は、はたして漢字のヤマイダレみたいな喚起力を持つかというと、持たないわけですね。だから、一回ずつ全部丸暗記するしかない。システムをつくる力がないんですね。

山崎　それはおっしゃる通りですね。西洋語が日本語になる場合、短縮語を「パソコン」というふうにつくるのは、日本独特のことでしょう。英語で短縮語をつくったらどうなるでしょうね。それはあり得ないけれど、無理してつくったら「P・C」でしょうね。

丸谷　そう、「P・C」ですかね。「パソコン」にはならないですね。

山崎　「P・C」はたまたま二音連結だけど、英語の短縮語はそれ以外の方が多い。「bra」とか「gym」とかね。英語が日本語に入ってくるに及んでも、なおかつ『万葉』以来の二音連結は生きているところが面白い。

丸谷　それは結局、日本語以前の原日本語に、そういうリズムがあったんだと思いますよ。

山崎　あるんでしょうねえ。漢字を受容したときに、それを上手に読みとして入れたんですね。訓読みはもちろんやまと言葉に変えたわけですけれども、音読みですら本来の中国語にないというか、中国語の構造にはない音を足して二音連結にしてるわけです。複合母音を二音として聞きとり、とくに「ん」を独立の音として感じとる、日本語独特の感受性が大きかったと思います。

丸谷　これは見当をつけて言うんですが、たぶん原日本語は非常に強力にいま作用していると思いますよ。

たとえば「会ふ」の未然形プラス助動詞ムはアハムだったわけですが、それがアハウになり、アオウになり、いまはアオーですね。こういうのは原日本語の単純な発音が底のところで働きかけているのでしょう。この調子でいくと、将来、もっともっと単純化されるのじゃないかと思って、心配なんです。そして、歴史的仮名づかいは、この発音の単純化ないし原始化に対して、かなり歯止めをかけることになると思うけれど。つまり「会はう」と表記する習慣があれば、発音をアオーの段階にとどめて、アオーがオーになる(笑)のを多少は抑止するかもしれない。

でもね、近頃はもうあまり国語改革反対は言わないんですよ。慷慨《こうがい》の志《こころざし》は猶存《なお》す（笑）ではあるけれど、しかし、現象としての国語改革よりも国語改革を支えているもの、促したもの、それが相手だと思っています。つまり、言語を単なる実用の具と考える考え方ですね。明治以来の日本は、それでやってきたから、民衆に字を読むこと、書くことを教えて、お上の言うことに従わせようとした。それだけが国語政策だったのでね。その具体的な形が国語改革でした。でも、それじゃあ大衆社会のための言語政策なんですよ。

日本語論ブームの背景

丸谷　いま日本語ばやりだと言われていますが、日本論、日本人論のために具合がいいんですね。なぜかというと、学校で教わった西洋の学問の原理で日本を切ろうとしてもうまくいかない。そのとき、いちばん手掛かりになるのが日本語なんです。ところが、その日本語について、みんな教えてくれなかった。明治以後の日本の学者や評論家は、言語論にはあまり口を出さなかったんです。思想とか哲学とか政治については語るけれど、言語の問題は抜きにして語った。それから日本語は外国語とは違う特殊なものだという面を強調して教えたがった。日本語にある普遍的な要素にはあまり注目したくないという傾向がありました。
そして、これは歴史の話と同じなんだけれども、言論の自由とか人権の保障がない世界では、日本語の起源の問題は自由に論じられなかったわけです。日本語の起源について自由な探究が保障されてないと、起源以後の歴史も論じることができなくなってしまう局面があるんですね。何しろ国体にもとると批判されると命があぶない時代でしたから。ようやくごく最近になって日本語の起源というものを自由に論じられるようになりました。先程も言いました大野晋さんのタミル語起源説、これはいいんじゃないかと僕は思っていますが、大勢としてはまだ信奉されてはいない。とにかく日本語の起源は朦朧としていて、よくわからない。そういう起源も実態もよくわからない日本語によって日本人論、日本論を考えなければならないところに大きな問題があるんですね。

山崎　近代以後、とくに日本が戦争に負けて何とか立ち直っていく過程で、日本人論、日本文化論が何度かブームとなっているんです。そのたびに日本の特殊性を説くいろいろな珍説が現われました。たとえば日本文化論で、個人主義に対する間人主義——これは和辻さんのセオリーを少し捩った議論です——であるとか、あるいは『文明としてのイエ社会』という堂々たる論文もあった。日本は個人社会ではないし、いわゆる集団主義社会でもない、「イエ」社会だという。まあ、いろんな類型の日本人論、日本文化論が出揃いました。

そのたびに私は批判してきたんですけれども、結論を言えば日本人には特別なユニークネスなどない。日本にユニークさがあるとしたら、それはドイツにユニークさがあったり、フランスにユニークさがあるのと同じ程度であって、しかもそれも歴史的に変わるものです。何も日本だけが特殊な国民ではないということがよくわかった。たとえば「日本的経営」などという珍説が罷《まか》り通って、これで日本経済は伸びたんだと言っていたんですが、しかし、この経営のいいところは普遍的だったし、悪いところはいまや足かせになっているくらいです。今、リストラして企業を合理化するといってますが、これは日本的経営をやめようという話ですから。要するに、戦後繰り返し日本人が求めてきた日本人特殊説が、全部だめだということがわかった。

そして最後に残ったのが日本語だったんですね。言葉というのは、人間のさまざまな生活様式の中で極めて特殊なものなんです。どういう意味で特殊かというと、宗教とか、芸術、風俗、習慣などと違って、細部にいたるまである種の法則性、規則性が及んでいるんですね。つまり、日本語を喋る以上、細部に至るまで文法ないしは規則というものがあって、助詞を一つ間違えても意味を成さなくなります。
それと同時に、言葉は完全に身体化されて身につかないと流暢さを得られない。したがってこれは身体訓練の極致みたいなものです。これに比較できるのは、たとえばピアノなどの楽器の演奏が最高度にできるような話ですよ。日本語、あるいは英語でも、一国語をマスターするというのはたいへんな身体的努力で、みんながバイリンガルやトライリンガルになれるものではないんですね。
宗教なら、細部を少々間違えても許してもらえます。私はカトリック信者だが、ちょっと避妊ぐらいは許してもらいたい、という人はいくらでもいます。これでもカトリックは成り立つけれども、日本語で格助詞をちょっと入れ換えて使わせてもらいたいと言ったら、おしまいですね。それくらい細部まで構造の厳密性が高いうえに、しかも身体性が求められるので、言葉というのは非常に厄介な生活様式であり、文化なんですね。たとえ丸谷さんほどの英文学者であっても、英語で暮らすわけにはいかない。

丸谷　あ、それは絶対だめだ。

山崎　誰でもそうです。英語で暮らせるような帰国子女は、日本語のほうが覚束《おぼつか》ないしね。どうしてもそうなってしまう。

他方、グローバル化ということが起こって、あらゆる分野において近代国民国家が形成した特殊性を弱め、差異を相対化していています。いちばんわかりやすいのは風俗や習慣です。いまやアメリカからたぶんイランまで、風俗はかなり普遍化してしまった。とにかくどこの国へ行っても、マクドナルドハンバーガーがあって、カラオケがあって、漫画を読んで、テレビを見ている。誰が広げたのかもわかりません。

これは非常に劇的なことでしてね、一九八〇年代までは文化帝国主義という言葉が生きていました。コカコーラライゼーションという言葉が、非難のための用語として使われていましたね。いまコカコーラライゼーションなんて言葉、若者は全然知りませんよ。

丸谷　もう廃語でしょうね。当たり前すぎて、意味がなくなってしまった。

山崎　廃語です。で、文化帝国主義もまったく廃語で、フランスのごく一部の伝統主義者が言ってるだけです。

次は市場経済。日本政府が何をしようが、日本国民が何を願おうが、アメリカの株式市場が引っ繰り返ったらみんなの懐が自動的に痛むわけですから、どうしようもないんです。日本国がいくら頑張ったって、せいぜい痛みの緩和策を施すぐらいです。

じゃ、政治はどうか。政治ですら、いまは世界世論というのが先行します。世界は先にマスコミとかＮＧＯというチャネルを通して一つの世論をつくり、それが各国政府を動かすようになったんですね。たとえばミロシェビッチというユーゴスラビアの大統領はコソボで悪いことをした。これはまず、どこかの政府が言いだしたことではないんですね。先に世論のほうが沸いてしまって、ジャーナリズムやＮＧＯが叫びだした。あとから政府が動いているわけです。ですから、政治、経済、文化のすべてにおいて、国民国家はいま揺らいでるわけです。

そうすると国民国家がつくったものでいまなお健在で残ってるのは、言語だけということになります。最後まで残った国民国家の名残が国語、つまり日本語で、それが根強く意識の底に残っているんだと思いますね。

紋切り型になった現代日本語

丸谷　現在の日本人が置かれている状況に対する適応性にも問題があって、日本語がこれだけ変化して、古い趣味からいうと柄が悪いとか、それだけの機能を備えていないとか、いまの状況への不満、不安、疑惑がいろいろあるわけですね。そこを改良したいと思っても、伝統的な基準に自信がない。それが国語問題、日本語ばやりになっているんでしょうね。

山崎　だから、私はね、私自身は今も反対だし、論理も通らないけれども、いわゆる表記法をめぐる国語改革問題は、むしろもう枝葉末節になってしまったと思うんです。

丸谷　その通りです。

山崎　残念ですけどね、これはもとへ戻すのは難しい上に、それよりももっと重大な問題が出てきてるというのが、私の認識です。

丸谷　あるいは、表記法だけしか論じなかったこれまでの日本語問題のとらえ方に誤りがあった。本当のことを言えば、僕なんかは表記法以外のこともいろいろ論じたつもりなんだけど、でも、もっと根本的にやるべきだった。

山崎　たとえば、新聞的クリシェ、陳腐な常套語です。これはあまりにもひどい。たとえば、ある小学校でウサギを飼っていた。そのウサギが殺されてしまった。すると社会部記者は、「心ない振る舞いに、よい子はがっくりと肩を落としていました」と、必ず書くんです。これはほとんど思考停止を意味している。

丸谷　新聞だけじゃなくて、現代日本語全体が、紋切り型になっているでしょう。新聞なら社会部は、情感的叙情性による紋切り型、政治部は官庁発表の文章の引写し。関係者たちには読んで一応わかる。でも、普通の日本の読者が読むと、わからないんですよ。そういう文章を平気で出している。いったん自分の心を通過させるということをしないで、記事を書いているのが多い。それをデスクが通す。整理が通す。記事審査委員会も問題にしない。それが日本の新聞なわけで、日本の新聞ってのは、読者に内容を伝えなければならないという意識がない人たちが書いてるんですね。言語が伝達のためのものだという大前提がわからないで、言語を扱ってるわけなんですよ。記者クラブ制度のことはよく問題になります。しかし官庁発表の文書に引きずられて書く新聞記事のことは咎められない。あれは不思議なことだなあ。

英語の新聞で何か読むでしょう。すると、その日の記事を読んだだけで、それまでの事柄とか情勢とかがわかるように書いてある。つまりテクストがコンテクストを含んでいるんです。だけど、日本の新聞は、前後関係がわかってる人にしか読めないように書いてある。

山崎　なぜだと思いますか？　英語の新聞は読者が毎日選んで買うんです。日本の新聞は宅配ですから、昨日の新聞記事を前提にして今日の記事を書くわけです。

テレビは擬似会話ばかりです。要するに一回の発言が短ければいいと思っている。新聞もそうですけど、記事が短い、あるいは一回の発言が短いということは、単なる感想の表明か、はったり、啖呵を切る場合に有効なんです。しかし、そういう意見は少し長く喋るとボロが出る。CNNやBBCのインタビューだと、質問する側も答える側も、一回の発言が日本の十倍くらいありますよ。

政治家は言葉をどう使ったか

丸谷　新聞が読みごたえがないのと同じように、テレビも見ごたえ、聞きごたえがないのね。結局視聴者が短いやり取りで満足しているわけですよ。長いやり取りでじっくり話をするということが、日本人の生活にないわけなんです。

山崎　おっしゃる通りです。そのない理由は、核家族から企業社会の閉鎖性まで、おびただしくあると思うんですね。以心伝心で、みんな喋らない。

丸谷　そういう言語活動をいろいろ補ったりして、新しい言語生活を少しずつつくろうとしてきたわけでしょう。ところが、それが何だかうまくいかなかったんですね。

表記法問題よりも、もっと大事な日本語問題があるというのは本当にその通りですね。どうも、思考の言語としての日本語という局面が忘れられているようです。戦後日本の社会の代表者である政治家たちが、言葉をどういうふうに使ったかというと、言い逃れとか罵り合いとか、本来的の使い方でない言葉ばかりだったわけですね。

山崎　というより、どうでしょう、日本の政治は、民主主義になってからも、結局は実利と実利の争いでしょう。ですから、地域社会に、もっと言えばおらが村にどれだけものをとってきたかだけが、保守派の主張です。つまり鈴木宗男さんであり、旧田中派政治。「あの橋をつくったのは私です」と言って実利を配れば、言葉はいらないんです。

丸谷　テレビにしたところで、実利を地元に配るだけではだめで、もっと言葉を使う政治をやってくれと主張すべきなんだけれども、しかし、そのテレビが実は中身のある言葉じゃなくて、殴り合い的な言語、へらず口的な言語を奨励してるわけでしょう。そうすると、結局、日本人という国民自身の言語観という問題になってくるわけですよ。

山崎　でもね、少しは言葉を好きになろうという動きがないわけではない。私は、小泉さんの使っている言葉が明確だとは決して言いませんが、これまでのように、「公共予算を倍にします」と言うよりはましだと思う。その小泉さんに人気がある。少なくとも国民が言葉を欲している、あるいは言葉に飢えているということは事実のようですよ。

丸谷　ほかの政治家たちに比べれば、ほんの少し言葉の才能がある。そういうことでしょう。

山崎　いや、才能があるとは言わないが、意欲はある。

丸谷　僕はまあ才能だと思う、あの程度ですら。

山崎　寛容だなあ（笑）。

丸谷　変な漢語、たとえば「毅然として」とか「粛々と」とかいうのを使うことが割合すくないでしょう。ただし、僕は日本の言葉の文化に対しては非常に疑問を持っているんですね。たとえば流行語大賞なんてのがあるでしょう。総理大臣が「骨太の方針」と言った。なぜそれに賞を与えるのか。僕は不思議だと思うんですよ。たとえば「老人力」という言葉はトップテンにはランクされているものの、流行語大賞にはなっていません。これなんか、小手が効いていて、言葉に芸がある。老人ってものは力がもともとないんです。それが力を持っているという逆説的な言葉の使い方が洒落ている。ところが、女の子が前かがみになって、胸の谷間を強調して「だっちゅーの」と言うのが、なぜ流行語大賞になるのか。あれを誰も批判しない。あの賞がくだらないということを誰も言わないんです。日本語ブームなどといってるけど、言葉の少し高級な使い方になってくると、あまり関心がないんじゃないかと思います。

山崎　いや、失礼ながら、私は流行語大賞というものがあること自体知りませんでした。

丸谷　それは新聞で報道するんです。で、僕は毎年見て怒ってる（笑）。

山崎　それはだけど、風俗現象でしょう。

丸谷　あのね、政治家の言葉ってのは、みんな風俗現象なんですよ。言葉ほど風俗と関係しているものはないし、風俗ほど倫理と関係しているものはないんです（笑）。

山崎　なるほど。ラテン語でも、倫理（モラル）の語源の一つは風俗習慣（モーレス）ですからね。

丸谷　たぶん江戸時代の言葉づかいが持っていた洒落っ気とか面白さとかを捨てることによって、実利的近代日本はかろうじて成立した、という傾向があるのでしょうね。

第三章　日本語教育への提案

母親の口からやまと言葉が消えていく

丸谷　国語教育の話をやりましょうよ。われわれのころと現在とで大きく変わったのは、母親の使う語彙だと思うんです。かつての母親はほとんどやまと言葉だけだったでしょう。

山崎　ああ、そうか。それは気がつきませんでした。

丸谷　母親は最初の言語教師ですからね。まあ、お膳とか御飯とか、ほんのちょっと漢語や西洋語も交えて話したでしょう。でも、主としてやまと言葉——和語で語ったと思いますよ。ところが、いまの母親は西洋語と漢語が非常に多い話をせざるをえない。

日本語は和語と漢語と西洋語の三つでできていますが、構造的な主体をなすのは和語でしょう。その日本語の仕組みのいちばん基本のところを、昔の母親は子供にしっかりと教えることができた。ところが、いまの母親たちの場合、日本語の基本的な構造を不安定な形で教えてしまっているのではないか、という不安があるんですね。

山崎　私たちが若いころ話題になっていたのは、子供に幼児語で話しかけるべきか否か、という議論でしたね。「ブーブー」とか「うまうま」という、あれです。おそらく江戸時代の母親も、「にぎにぎ」などと言ってたんでしょうが、近代になってあれがひどくなったんじゃないでしょうか。大正か昭和のある時期に、母親と子供がひどく密着する段階があった。

丸谷　甘やかすことが教育だというんですね。

山崎　よい面では、童話教育とか童謡教育が盛んになった時期でもあります。

丸谷　自分がどんな言葉で育ったかというのはむずかしいですね。べつに日本の女の人が悪いと言うつもりはないんだけれども、母親の言葉に漢語や西洋語が多くなったのが、日本語の危機をもたらしたという局面があるんじゃないかと、僕は以前から思っているんですよ。

山崎　養老孟司さんの話では、フランス人の嬰児にフランス語のテープを聞かせたら、脳が物理的に反応したというんです。ところが、そのフランス語のテープを反転させて聞かせても、全然反応しない。つまり赤ん坊は、母親の胎内にいるときから、意味ある音響としてのフランス語を聞いているわけです。すると、言語の教育は、実に恐ろしい段階から始まっていることになる。

丸谷　マザー・タング（母語）なんていうように、言語教育の最初のところは母親の言葉から始まるんだけど、その段階から条件が変わってしまった。さらにテレビも、子供の言語教育に大きく作用しているでしょう。学校に行くようになって、そこで使われる日本語教科書は、大変高度な段階と乱雑で程度の低い段階とをごっちゃにして教えるような、ひどい代物です。その中で生きていくいまの赤ん坊や子供は、偉いものですよ（笑）。ものすごい受容能力だ。でも、あれで言語感覚は乱されるね。

国語学と日本語学

山崎　テレビはもちろんですが、町を歩いていても言葉の混乱や誤用はたくさんあるでしょう。たとえば大阪に近鉄という電車があります。

丸谷　「鉄」の字ね。

山崎　あれは略字にしますと金偏に「失」と書かなければならない。ところが昔の話ですが、大阪商人ですから、金を失うのはいやだというので、金偏に「矢」という字を書いて、それを至る所の広告に出したんです。駅に行っても、デパートに行っても「近鉄」ですよ。本当にその字が正しいんだと思い込んだ小学生がいたらしいですね。

丸谷　しかも最近の言語学はそういう混乱を肯定すべきだとやると、受けるみたいですね。それが現実であるからそれがいいのだと考える。言語の規範という概念がなくなって、趣味の意識がなくなりました。

山崎　おっしゃる通りです。それに関連して、実は大学で、国語学と日本語学が対立してるんですよ。わが大阪大学文学部には国語学と日本語学が両方ありました。

丸谷　それは、どう違うんですか。

山崎　まったく違います。国語学は文法を教えるわけです。言語には規範があって、こういう理念のもとに出来上がったものだと、教えます。ところが日本語学は、現象を忠実に記述し分析する学問ですから、変わったら変わったことが研究のスタートなんですね。たとえば「うなぎ文」という言葉があります。これは国語学ではおよそ問題にしません。しかし、日本語学では「俺はうなぎだ」という表現を「うなぎ文」と称して、一つの表現カテゴリーとして認めるわけです。昼飯を食いにいって、「俺はカレーライスだ」「俺はうなぎだ」と言って注文する。何もその人がうなぎであるわけではない。これは国語学からいえば、省略または若干の歪曲になるわけですが、日本語学では言葉の用法として認められる。どっちが正しいというのではないのですが、言葉に対する規範意識の失われたことの何らかの反映でしょうね。

では、どんどん流行表現が入ってきたらどうするんだ、という話になります。私は言語というものが生きて変わっていくものだということを、大前提として認めます。しかしそれだからこそ、言語の同一性を守るために、誰かがある抵抗をしなければならないと考えています。それが作家とか教師の任務だと思うんですよ。だって、言葉というものが文字通り万人万様になったら、言語でなくなるわけですからね。五年ごとに、世代ごとに言葉が変わるようでは困るわけで、誰かが保守的に抵抗しなければいけない。変わっていく宿命があるからこそ、同一性を守る努力が必要になるわけですよ。虚しい努力なんです。だけど、虚しい努力をしなきゃいけないんですね。

川端康成も使った「見れる」

丸谷 たとえば「見れる」「来れる」の問題ね。あの言い方をよしとするか、しないかというのがあるでしょう。僕は好きじゃないし、書かない。それからたぶん喋りもしないと思います。でも、川端康成も「見れる」「来れる」を使うんですよね。

山崎 あ、そうですか。それは知らなかった。

丸谷 『日本国語大辞典』の中に、ちゃんと例文が出ています。(後記。「れる」という見出し語の所を引いても出て来ませんが、「見れる」「来れる」という見出し語で出て来ます。一九三三年の『二十歳』という作品に「銀作は一家を離れて見れるやうになつてゐた」とある。それから『雪国』に「よそを受けちゃった後で、来れやしない」。こっちは地の文章でなく会話のなかだから言い開きの余地があるけれど。)

伊藤整さんが、あるとき「川端さんはひどいですよ」と僕に言うんです。何がひどいのかと思ったら、サイデンステッカーさんが伊藤整さんに向かって、「伊藤さん、あなたの日本語はおかしいですよ」と言ったんですって。あの人らしいよね。「あなたの作品の中に『見れる』とありました。あれは北海道の言葉です」。そのとき横に川端康成がいたんだけど、黙っていて、ちっとも伊藤さんをかばってくれない。「ところが川端さんは『見れる』を使ってるんです」と伊藤さんは言ったんです。で、「川端さんというのはそういう人ですよ」(笑)。

山崎　なんかありそうな感じがしますね。

丸谷　僕は「来れる」は使いませんね。「来られる」「来られない」でやっています。「見れる」も使わない。ただしこれは「見られる」とは言わずに「見ることができる」「――できない」と言っているような気がします。

僕はしかし、自分では使わないけれども、「見れる」「来れる」を使うからといって、それを咎めたり、非難したりする気はないんですよ。いや、昔は非難したかな？

山崎　私自身も、そこはむずかしいところです。私の父方の祖母は、落合直文などと一緒に若い頃短歌をつくっていたという、いささか文学少女だった年寄りでした。私が子供のころ「とても」を肯定的に使ったら、それはいけないって非常に叱られた。なるほどと感心しました。しかし、もういま「とても」を肯定的に使う人を私は批判できませんよ。それほど圧倒的になっているでしょう。

丸谷　そうですね。

山崎　そうするとね、たとえば「全然」はどうでしょう。若い人で「全然いい」とか、「全然平気」というふうに使う人がいますね。これには私は抵抗があります。抵抗はあるけど、それじゃお前は「とても」を肯定的に使っているではないかと言われると、たしかにたじろぎますね。

丸谷　僕は「とても」はなるべく否定のときに使うようにしてるけれども、「とても」を肯定に使うと具合がいいときがあるんですよ。「非常に」ではうまくいかないときがやっぱりありますね。

山崎　私が最後の抵抗をしてる具体例を一つ挙げますと、「更なる発展」というのは困る。だって、「更に」は、あれは形容動詞ではないんですね。

丸谷　その通りです。

山崎　あれは文法上の言葉でいえば、「更」という名詞に「に」をつけてつくった副詞なんですよね。「更なる」と言うんだったら、じゃ、終止形は何だということになる。この発展は「更だ」というのか（笑）。

丸谷　「更なる」もいやだけど、「何々すべき」と切るやつね。「すべきである」ならいいんだけど。

山崎　ああ、ありますね。

丸谷　ただ、僕は自分でいやだというところまでは書くけれども、人が使ってるのをみて咎めるのは……まあ、いやだというのはすでに咎めてるのかな。

山崎　そこが難しいところですね。学生がそういう言葉を使ったレポートを書いてきたときに、朱を入れて返すべきかどうか、非常に悩みますね。いまの日本語教育の辛いところでしょうね。

丸谷　ああ、そうですね。僕は教師時代、学生部の委員をやったんです。左翼の学生が質問状とかを持ってくるでしょう。僕はあれに全部朱を入れるわけです（笑）。学生のほうは、単なる言語の問題にすぎない、とか言うんです。しかし、僕はこういうことは大事だと思っているから、直すしかないって（笑）。返答は学生部長がするわけですが、僕は個人的な添削をするんです。

山崎 先日、たまたまNHKテレビを見ていたら、大学生の国語能力について解説委員が論じていましてね。「けんもほろろ」という言葉を一度も聞いたことがなく、使ったこともないという大学生が五八パーセントいるというんですよ。もっとも調査対象がどんな大学生だったかにもよりますが、私のような職業の人間は少しギョッとしますね。

丸谷 うーん。かなりこたえる話。

山崎 かなりこたえるでしょう。しかしね、私は「けんもほろろ」の使い方も意味も知っているが、語源は知らないわけです。たとえば「けん」にはどんな漢字を当てるのか、意味構造はどうなっているのか。

丸谷 それはちょっとわからないですね。あれはたしか雉の鳴き声だったか（笑）。あやしくなってきたなあ。（後記。「けん」も「ほろろ」も雉の声。また「ほろろ」は雉の羽音とも。これを「けんつく」などのケンにかけた）

山崎 知らないで使ってる言葉はたくさんあります。ずいぶん私は無知のうちに言葉を使ってるなと思って反省はしますが、しかしながら「けんもほろろ」が通じないとなると悲しいですね。

母と子の間の言語表現

山崎　幼児段階の言語教育の問題でもう一つ付け加えたいのは、言葉に対する態度、姿勢の問題です。つまり言葉によって表現するということを、どれだけ大切にするかということです。第二章でも話しましたが、日本の特色として母親と子供の間に言語的表現を重んじない風潮が、かなり長期にわたってあると思うんです。というのは、日本の母親と子供の関係は、核家族の中でスキンシップによって成り立っているからです。西洋だってスキンシップがないわけではありませんが、たとえば私はこういう経験をしたことがあるんですね。

私が、アメリカに住む友人の劇作家の家に泊めてもらったときのことです。一歳二、三カ月の女の子がいまして、朝食の席でその子が日本語風に言えばむずかるんですね。ところが、父親も母親も知らん顔している。私はふと日本の家庭を思い浮かべて、たぶん日本の母親なら、「どうしたの」とか「何がほしいの」と聞いたり、いきなり口の中へ食べ物を突っ込んだりしていると思ったんです。でも、彼らはそんなことはしません。

しばらく、ぐずぐず言ってたら、母親が要求は何だと聞いたんですね。その子は、ようやく短い文章になる程度の言葉は喋れるんです。子供は困りました。要求なんかないんです。ただ、むずかってるんですから。親のほうもわかっているはずなんだけど、何がほしいか、どうしてほしいのかって言葉で聞くんです。あんまり問い詰められるものだから、子供はしょうがなくトイレに行きたいと言ったんです。そうしたら、サッと連れていって用を足させて、連れて帰った。そうすると子供は非常に奇妙な顔をしているわけです。本来の要求じゃないことを満たしてもらったわけでしょう。しかし両親に言わせれば、お前はトイレに行きたいと言葉でそう言って、現にトイレに行ったんだから、それを満たしてもらった以上、もうぐずぐず言うな、ということになる。これを見て私は、いいか悪いかは別として、日本とは非常に違うなと思いました。

丸谷　なるほどね。

山崎　言語表現の意味というものが、西洋においては、日本と若干違ってくるのではないかとさえ思えてしまいます。これはアメリカだけではなくて、フランスなんかもっと徹底しているという話ですね。家庭の中でも、言語で表現しないことは存在しない。

国語改革論の錯覚

丸谷　それはたいへん興味深い話ですね。日本において国語改革というものがあったでしょう。なぜ国語改革をやったかというと、前の章でも喋ったように、日本が近代国家になった以上、国語がなければならない、というので国語をつくった。つくったけれども、何だかうまくいかなかった。どうも何だかおかしい。なぜおかしいのかと考えたら、要するにこれは国民の読み書きの能力がまだ低いんだと、近代日本は判断したわけですね。

山崎　なるほど。

丸谷　それで読み書き能力を高めるためにはどうすればいいかと考えた。それで出てきた答えは、書き方や字、仮名遣いをやさしくすれば、国民の日本語能力は高まるという判断だった。それが国語改革論者の主張ですね。

山崎　そうですね。

丸谷　で、それをまず明治の半ば頃から主張しだした。それに対して反論がいろいろあって、実行されなかった。何十年後に戦争で負けたせいで、アメリカ軍が占領下において改革論者たちの意見を採り入れ、実行した。それで国語改革ってものができた。と、不思議なことに、その国語改革と並行して国民の教育程度が上がったんです。教育が普及した。それから読んで面白いものがいっぱい出てきたんです。週刊誌とかスポーツ新聞とか、それから時代小説にしてもぐんと面白くなった。

山崎 先ほどの幼児教育の話で言えば、児童文学や童謡も非常に豊かになりました。

丸谷 ええ、とにかく面白いものがいっぱい出てきた。字を読めないと具体的に損だったんですよ。だから、みんなが読んだ。さらにはテレビ、ラジオの普及によって、標準語が日本中に行き渡った。標準語が行き渡ると、口語文が読みやすくなるんですよ。書きやすくもなるでしょう。

それから今度は新憲法のおかげで人権が確立した。言論の自由が与えられた。その二つの条件のせいで、読む、書く――読むほうでは、何でも自由に読むことができるようになったし、書くほうの側としても様々なことを平気で書けるようになった。というような背景があるものだから、日本人の日本語能力は高まったわけですね。それで、あたかも国語改革によって日本人の日本語能力が高まったような感じになった。

山崎 でも、それは錯覚だったんですね。

丸谷 それからしばらくたった現在、何だかおかしいぞということになった。なぜおかしいのかというと、言語は一方において読み書きの道具、つまり伝達の道具です。他方において思考の道具なわけです。それで、明治政府、あるいは近代日本が日本人に対して要求した言語能力というものは、伝達の道具としての言語能力を高めることだったわけです。しかし、思考の道具としての言語能力を高めなければならないとは考えなかった。それが近代日本の言語政策の根本的な間違いだったんじゃないかと、僕は思っているんですよ。

山崎　おそらくいろんな条件が重なっていると思うんですが、一つには、日本は非常に急速に工業化社会をつくろうとしましたね。そうすると工場で働ける人材が必要です。要するに伝達された知識を理解して、その通りに実行する人間がたくさん必要であった。考える人間は必要でなかった。

丸谷　「明日は何時集合」と黒板に書いておく。その「何時集合」というのを読んで、出て来る。それが必要だったわけですよ。

山崎　そうそう、マニュアルをきちっと理解して機械が動かせる人間が必要だったわけです。機械は根本的に、普遍的なものであることを目指してますよね。九州の機械と長野県の機械が違ってたら困るわけです。ということが、どこへ行っても同じである共通語と、その書き言葉を普及させるという必要に結びついたんだと思うんですね。

丸谷　そうです。

山崎　私たちは基本的に一人で考えますけれども、一番いい考え方は、二人の人間、あるいは三人の人間が集まって対話、鼎談をすることなんですね。そこでいろいろなアイディアを交換しながら考えていく。しかし、そういう場所が近代の日本にはあまりなかった。あるいはないように社会をつくり上げたんですね。工場では命令を受けてそれを実行する、それだけですから。

丸谷　自由に語り合うと、危険思想を語るのではないかと恐れた面があるんです。

山崎　大いにそれはあったでしょうね。

丸谷　要するに教育勅語を押しつける、軍人勅諭を押しつける、それをやるためという感じが非常にあったわけです。

山崎　いちばん具体的な例を言うと、実は国語改革を真っ先にやったのはアメリカ軍ではなくて日本軍だったんですね。明治期の陸軍は、森鷗外のような人がいたから、むしろ当時の国語改革に反対してるんですね。

丸谷　そうそう。

山崎　しかし、昭和の軍閥になると、もう教養がない上に、彼らとしては勝ち戦をやっているつもりなんですね。だから、植民地で日本語を現地の人に教えるために簡略化しなければいけないというのが、いちばん最初の動機なんですよ。

丸谷　だから、いまは日本株式会社なんてことを言っていますが、戦時中は四〇年体制――戦時統制経済体制があったわけです。ほぼ似たようなことが言語問題でもあったと思うんですね。結局、日本という国を一国社会主義みたいな調子で運営していく。そのために具合がいいように日本語を使うという風潮が、ずいぶんあったんですね。

山崎　家庭の中でも職場でも同質の人間を集めて、しかもその距離を密着させる。そこには対話が起こるような距離がないんですね。今度は国家という場所に行ってしまうと距離は無限大で、語る必要がない。もっぱら聞かせていただく国民が生まれたということだったんですね。

丸谷　そうなんです。で、そういう明治国家以来の日本語の問題を、いちばんよく表しているのが、生活の言語と思考の言語が違うことなんですね。「世の中」という言葉は生活の言語である。思考の言語となるとたちまちにして「社会」となる。思考の言語で「現実」という言葉を使い、生活の言語では「ありのまま」を使う、というふうに、まったく感じが違う。ところが、西洋の言葉では、生活の言語と思考の言語が同じなわけですね。

だから、ものを考えることが暮らしていくことから飛躍しなくて、スーッと同じ次元でできるわけです。
そのことを程度の高い知識人は内心ぼやいてはいたわけだけれども、結局ずーっとこの調子で来たというのは、言語を思考の道具として考えなかった、われわれの国の文化の非常に大きな特徴でしたね。

山崎　そうですね。

丸谷　それで、いま日本人は不況のせいで、何とかしなければならない、ものを考えなければならないと思っているんですよ。でも、どう考えたらいいかわからない。それで困っている。その困っていることの反映として、日本語問題についてみんな論じたがるということがあるのではないかと、僕は思うくらいなんです。

テレビの影響

山崎　先ほど、幼児教育の話でテレビのことが出ましたが、いまの子供は恐ろしく早い段階からテレビを見ています。まだ物も言えないころから、テレビをつけることだけは知っているというんですね。テレビの言葉への影響は大きいと思うんですが。

丸谷　いまいちばん強い媒体はテレビなんだから、テレビが日本語教育をやるべきだと思うんです。でも現実は、その逆のような言葉をまき散らしている。テレビを言語面から批評する批評家が必要だと思いますね。ところが優秀な人はテレビ批評家にならない。あんなものを一日に何時間も毎日見ているのはいやだと言う。まあそれはそうだろうな（笑）。

山崎　この十年か二十年の幅で、ＮＨＫと民放の差がひどくなりましたね。残念ながら、ほとんど月とスッポンくらい違う。品位の問題だけでなく、言葉の面でも、ＮＨＫのドラマは総じてちゃんとした日本語を使います。ジェームス三木や内館牧子といった作家は、ちゃんとした日本語でドラマを書いていますね。民放はワイドショーなるものが隆盛で、これが言語的にも内容的にも実に低劣で救いがたい。かつてはスポーツ放送はよかったんですが、ラジオからテレビに移って以後、アナウンサーは「打ったー」「ゴール」などと絶叫しているだけで、それこそ記述ができないんです。絶叫は言語ではありませんからね。そういう自堕落《じだらく》な感情の単なる垂れ流しが、民放の番組全体に広がっています。

ただＮＨＫはいい番組をずいぶんつくっています。とくに文化番組。たとえば、いまアラブ美術史の番組をやれるのはＮＨＫだけでしょう。

丸谷　ＢＢＣから借りてきて放映する番組も見るに堪えますね。
山崎　ええ、下手な大学の美術史の授業よりずっと上等です。
丸谷　民放のテレビ番組がひどいのはわかりますが、何か改善するための手だてはありますか。
山崎　私はないと思うんです。せめていい番組を褒めるぐらい。ＮＨＫの番組は、他の面で批判はあっても、ちゃんとした日本語を喋る度合いが多いことは事実です。
私が一時、期待したのは、ある種の同業者のサロンが成立することだったんです。いまでも文藝編集者のあいだには残っているのでしょうか。どんなベストセラー作家を生んでも、それが本物でなければ、他社の目利きの編集者に対して後ろめたい気分がするようなところがあった。新聞記者でもあったと思うんです。自分が担当している分野の他社の記者に優秀なのがいれば、そいつに読まれても恥ずかしくない記事を書くとかね。そういう知的サークル内の相互認知、相互批判に期待していたんです。そこへ第三者の批評家がからめば、さらに効力が発生します。
しかし、いまのテレビのいちばん通俗なところ、風俗・芸能の分野には、そういう機能は全然働いていないんですね。

丸谷　テレビのほうは付き合いがないのでわかりませんが、活字関係のジャーナリストにはそういう恥じらいがいまでもあるでしょう。

山崎　あると思いますよ。でも、テレビでは、たとえば大食らい大会を番組に作って、平気でいられる制作者がいるんですよ。そして病人やけが人が出て、やっと問題になる。こんなところに自浄力があるとは思えないですね。

ジャーナリズムの言葉の貧弱

丸谷　自浄力は、僕はずっと前に絶望していますからね。まだ小説家になりたてのころ、テレビ批判をしてほしいと言われて、文藝家協会に頼まれて、テレビ局へ行ったことがあるんです。それは放映されない、うちうちの座談会でした。

テレビでどんなことをやったらいいでしょうか、と司会者が聞くので、評判になっている誰かの話があったら、それをたっぷりと聞かせてほしいと言ったんです。たとえばどんなものですか、と言うから、ちょうど学生運動がさかんなころで、羽仁五郎の演説で学生たちが奮起していると聞くけれども、どんな話なのか新聞記事にも書いてない。あっても一行か二行です。あれじゃわからないから、十分とか二十分ぐらい話を聞かせてほしい。

そうすれば実態がわかって参考になる、という話をしたんです。
そこへ遅れて阿川弘之さんが現れた。そしたらその司会者が「阿川先生、さっそくですが、丸谷先生はいま羽仁五郎さんの演説をテレビに出すべきだとおっしゃいましたが、どうお考えですか」と言うんですよ。阿川さんは「あんな馬鹿者、出す必要があるか」と言いました。
僕は呆れ返りましたね。阿川さんに呆れたんじゃない。そういうときテレビ局が司会者として選ぶほどの人間が、僕の意見を正確に伝達する能力がないってことにびっくりした。しかも別にややこしい意見じゃないんですよ。じつに単純明快な意見です。で、そういう人たちが大勢よってたかってテレビ番組を作っているのだとわかったから、もうテレビには期待しないことにした。

山崎 そうでしたか。だけど、もう新聞記者でも週刊誌記者でも、その手のレベルの人が少なくないんですよ。

丸谷 言語能力の完全な喪失なんです。ごく普通の思考能力がないんだもの。言語問題はそこから始まると言っていい。

山崎 問題は羽仁五郎が大事なのではなくて、ある人の話をじっくりと聞くということなんですよね。この手の誤解は、近年私は怖くてしょうがないです。

丸谷　それは日本のジャーナリズム業界の話だけではなくて、日本人の言語能力全体がそうなんです。それを集約的に代表しているのが、日本のテレビのそういう人たちなんですね。

山崎　いまの大衆ジャーナリズムがこのまま進むと、言語は二つの理由で貧弱になります。一つは、語る能力のない連中がのさばる。もう一つは、語る能力のある人間が沈黙してしまう。

丸谷　うん、いやになって黙りこんでしまうのね。僕はそういうことよくあるし、事実、そのテレビ局の座談会ではそうなってしまった。抗議もしませんでした（笑）。

言語能力の中で軽視されているのが、要約する能力ですね。パラフレーズするのも大事だけれど、縮める能力も大事です。その面はわりに言われていません。なぜかというと、言葉の機能的な使い方については言われなかったんです。そこに近代日本の言語能力の欠点があったという気がします。

山崎　わかりやすい例を挙げれば、某学習塾が丸谷さんの文章を例文に出して、これを要約せよとか分析せよならわかるけれど、批判せよという問題を出しましたね。これは偶然のことではないと思います。彼らにとって人の文章は、批判するか信仰するかのどちらかなんですよ。

学校教育のジレンマ

丸谷　学校教育の話をしませんか。結局、言葉の問題はここに行き着くと思うんですね。

山崎　学校教育は大きなジレンマを抱えていると思うんですね。それは日本のみならず世界的な現象です。

そもそも教育を義務化するのは、近代の思想として、個人が無知であることは社会に対して許されない、個人に無教育の自由はないという考え方があったと思うんですね。要するにある人が勝手に無知であると、隣の人が損をする、あるいは社会が迷惑をこうむるという考え方です。早い話が言葉というものは一人が知っていて他方が知らなければ、言葉ではないわけです。話し手の心は通じないんですから。ということは、言葉が生きて存在するためには、聞き手も話し手も、みんな一つの言葉をある水準まで知っているということが条件になる。それがあればこそ社会は成立します。それを政治的に制度化したものが義務教育だったと思うんですね。

私は、義務教育はやむを得ない国家の一つの機能だと思うんです。国家以外の機関がそれをやれないことはありません。ただ、共通的な権威は必要で、たとえば西洋ならキリスト教だし、アラブ社会だったらイスラム教で、教会立の学校やコーランの学校があって、そこで宗教を教えると同時に言葉を教えているわけですね。だから、何らかの意味で公的な権威であればいいんですが、日本では国家しかないでしょう。

ところが、もう一つ、教育というのは本来一人ひとりの個人が自己実現をしていくための方法なんですね。これは基本的に、義務教育と矛盾するものと言ってもいいくらいです。近代のどの国も間違えたのは、個人の自己実現と、社会制度としての教育を同じものだと思ってしまったんですね。

丸谷　相関的なものだと考えたわけでしょう。

山崎　いや、相関ならいいんです。むしろ、自己実現をすることさえ義務化してしまったわけですね。

丸谷　ああ、なるほど。

山崎　つまり、義務教育の中身がどんどん膨らんできたというのが、どこの国でも大きな問題なんですね。これに対して、たとえばイヴァン・イリッチという人は「脱学校の社会」を論じて、一切の学校教育をやめろという学校廃止説を主張しました。というのは、社会が制度的に個人に自己実現を要求するのは一種の拷問みたいな話で、逆に格差をつくりだす仕掛けだというんですね。

ところが、どこの国でも、一種の福祉国家の思想が入ってきて、貧しい人にお金を配るように、頭の悪い人に知恵を授けることはいいことだ。そこで、義務教育を充実させなければならない、ということになりました。これは左翼のほうに強い支持を得た思想なんですね。平等論、正義論と深く結びついてまして、いわゆる自由派のほうは、人間が不幸になった場合、その人の選択によるものなら社会は救済しなくてもいいと言う。しかし、その人が選択できない原因によって不幸になったら、社会はそれを福祉によって補うべしという議論があるんですね。典型的なのはロールズの正義論などでしょう。

これに対して、ノーベル賞をもらったインドの経済学者にセンという人がいます。この人は、自由派の対極にある人で、いい家庭に育てば教育熱心な親に育てられて、向学心のある子供ができる。だから子供は勉強を選ぶのであって、貧しい家庭の場合、初めから学問に興味を持たないのはその人の選択ではないと言うんですね。この議論でいきますと、どんどん学校教育を充実させなければいけないことになる。興味を持たない人にも強引に興味を持たせる。そういう思想が広がったために、世界中、学校教育が膨れ上がってしまったんです。

私はそれも今や、何とかしなきゃいけない段階だと思っています。つまり義務教育は、必要最小限度に絞るべきだと思うんです。早い話が、私は義務教育は国語教育だけでいいという、かなり過激なことを言ってるんです。

丸谷　いや、僕はそれでいいと思うんですけどね。算術は教えなきゃだめだけど。

山崎　ええ、もちろん。読み、書き、話し方、そろばんです。要するに国語と算術だけ。数学は形式的論理を教える学問ですし、思考方法を教えます。そのうえで、たとえば義務教育の理科は数学の一部や国語の中に入れられるし、歴史教育なんて歴史のいい文章を読ませればいいわけですから、国語の中に入れられます。

丸谷　読み、書き、そろばんを教えればそれでいいという考え方は、まったく同感です。小学校はそれでいいと思いますよ。

山崎　国語と算数だけをみっちりやれば、だいたい週三日ですみます。それだけだとセンのような人たちが、社会的平等論を唱えて反対するでしょう。それはそれなりに耳を傾けるべき議論ですから、学校教育は週三日にして、残りは自由市場に委ねます。そのまま委ねると貧しい子供が不利になりますから、国家が教育クーポンを発行して、そのクーポンで子供にいちばん相応しい教育を受けさせます。野球教室でもいいし、極端な英才教育でもいい。その部分は個人の自己実現に対する国家の援助なんです。

丸谷　週三日の件はとつぜん出て来たので保留するしかありませんが、国語教育を充実させるという点では、同感です。それと、社会に存在する教育の機能というのは重要ですね。

教育を独占した近代国家

山崎　とくに日本の場合、社会そのものが持っていた教育機能や、社会に潜在している教師を抹殺してしまったんです。

昔、学校というものは誰が開いてもいいものだった。寺子屋ってものに免許制はなかったんですよね。寺子屋のみならず、そのへんの職人の親方が弟子に、技法と同時に少々の文字とか言葉遣いとか、もちろん礼儀作法とかを教えた。さらに、寄席とか劇場があって、言葉を教えていた。

ところが、近代国家はそういうものをすべて否定して、あるいは窮地に追い込んで、学校の先生、特に義務教育の先生は免許を持っていることを原則にしたんですね。私はもちろん、それに一理あったことも認めます。つまり日本全体として北海道から沖縄まで同じ教育をしないと、近代国民国家は成立しません。これは何も日本だけじゃないので、どこでも教師は免許制です。しかし、それをやりすぎたと私は思うんです。

その結果、たとえば横町のご隠居というものがいなくなった。横町のご隠居だからと言って威張ってたって、免許を持った小学校の若い先生が出てくれば、たちまち権威は剝奪されて、老いぼれと言われるはめになりました。お寺のお坊さんが習字を教えようったって、学校に書道の先生がいるんですから、ほとんど需要がなくなる。長唄の師匠も、小学校では西洋音楽を教えてるんですから、いらなくなるという具合で、つまり社会が持っていた教育機能をすべて学校に集めたんですね。

丸谷　それから、学校以外に本来教育機能を持っていなければならないものに、たとえば図書館があります。

山崎　そうです。

丸谷　図書館の司書が何か質問を受けて、それならこの字引を引きなさいよとか、この本を読みなさいと教える。どの本が何という叢書に入っているかを調べるには、これを見ればみんな書いてあるとかね。そういうことを教える機能が、図書館では非常に大事なわけだけれども、少なくとも戦前の日本にはなかったですね。

山崎 いや、戦後もないですよ。戦後の図書館なんて貸本屋ですよ、あれは。

丸谷 うん、戦後もね。戦前よりは少しはよくなったけど。

山崎 まあ、司書制度は一応普及しました。

丸谷 でも、非常に不便なものだし、それから利用者の要求に応えると称して、ベストセラーを何十冊も買うというような……。

山崎 だから、私は貸本屋だと言っているんです。

丸谷 馬鹿なことをやってるわけですね。

山崎 馬鹿なことをやって、出版界を苦しめてる（笑）。つまり、どこの国でも近代国家は教育を独占したわけですけれども、西洋ならばキリスト教の教会が日曜学校を開き、日常的に子供たちの教育に携わっている。それからボーイスカウトなども、そういう教育機能を持った組織の一つであって、子供の訓練の一部を引き受けているでしょう。

丸谷 そうだねえ。

山崎 そのほかに、たとえばスポーツは、西洋の場合は民営のスポーツクラブがたくさんあって、そこで訓練をされるわけですね。学校の体育だけではないわけです。イスラム社会では、公立学校よりもコーランを教える私塾のほうが教育してるわけですね。おそらく世界のさまざまな途上国の宗教団体は教育機関だろうと思いますし、それから職業組合の類もすべて教育機関ですね。それに加えて、西洋の場合、近代国家自体が、図書館のような学校以外の教育機能を持ったものをつくる。

丸谷　博物館や美術館もそうですね。

山崎　科学博物館、自然博物館は、アメリカならスミソニアンとか、イギリスでいえばキュー・ガーデンを筆頭に、無数にあるんです。それぞれのところに研究者や教育者がいて、キュー・ガーデンへ行けば、学校で植物学を学ぶよりよっぽど高級なことを教えてもらえるわけですね。日本はそれが非常に貧弱なんですね。

丸谷　そうなんです。

山崎　日本ですと、たとえば岡田節人さんを特別顧問にして、中村桂子さんを館長にして、ＪＴが資金を出している生命誌研究館。これはおそらく日本で最高の生物学教育機関ですよ。実際に子供たちを教えてもいます。教える意欲が違うし教える才能が違うから、どうしようもないんですけれども、学校ではできない一流の教育をやっている。でも、本来ならこういう施設が日本に少なくとも、各県一つぐらいはなければいけないんですよね。

丸谷 近代日本は、教育という概念を非常に狭めたんですね。教育という言葉が狭苦しい言葉であったから。政府の教育に対する官僚統制、これがまた度を越していましたね。

バタビア方式のすすめ

山崎 では、具体的に学校の授業をどういうふうに変えていったらいいか、その手順に入りましょうか。

丸谷 僕は、まず小学校、中学校の学級の生徒数を二十人以下にすべきだと思っているんです。

山崎 いま何人ぐらいなんでしょう。

丸谷 三十人から四十人ぐらいじゃないですか。

山崎 これは、おそらく二十人に近づいていくんじゃないですか。子供の数がだんだん減っていきますから。

丸谷 そして一クラスに二人、教員を付ける。そうすると学級崩壊がなくなりますよ。

山崎 私も義務教育に関しては賛成です。

丸谷　僕は昔、中学生の息子にお弁当を持って届けに行ったことがありましてね。
山崎　いいお父さんだなあ（笑）。
丸谷　いや、一度だけです。で、まあ、ほんとに驚きました。学級ってもんじゃないね、あれは。
山崎　息子さんが中学生のころは、一クラス五十人から六十人くらいでしょう。いちばんひどい時期ですよね。
丸谷　なんだかワヤワヤ自由にやってて、要するにテレビを見ているようなものですよ。学級崩壊ということになったら、教室にいたって意味ないです。
山崎　ですから私は生徒を外へ出せと言っているんです（笑）。教室の外にもいっぱい教育の機会があるんですから。それはともかく、一クラスに教師二人というのは、日本でも実行している学校がありましたよ。たしかバタビア方式と言うんですが、教師が教室の前と後ろにいるんです。京都のむかし野球で有名だった学校が採用して、受験校になってしまったと聞きました。
丸谷　そうですか、バタビアという名前は知らなかったけど、僕は井上ひさしさんからオーストラリアの例として教わったんです。どの小学校でもやっていて、非常によかったと彼は言うんですね。僕は、小学校から高校まで全部その方式にすればいいと思う。これをやればすこしはお金がかかります。しかし「米百俵」というのは国家百年の計のため教育にお金をかけようという説話だったんですよ。「米百俵」をスローガンにしてる内閣は、ぜひバタビア方式をやらなくちゃぁ。

それから、国語の時間を大幅に増やして、朗読、暗誦、学校劇のほかに、習字や話し方も教える。作文教育も重視するけれど、叙情的文章よりも具体的記述、論証の文章を中心にする。短歌・俳句も作らせる。しかし詩は作らせない。定型でないとむずかしいから。

学校教育に必要なもの

山崎　朗読、暗誦は全面的に賛成です。実は私の大学で「日本語表現」を教えてるんですが、『雪国』の冒頭のごく短い部分を暗誦させてみたことがあるんです。ほとんどの学生が暗誦ということをしたことがないようでした。初めての経験だったせいか、何人かの学生はいきいきとしていましたね。人の文章を覚えるということが、やってみたら楽しいことがわかったんですよ。

学校演劇については、反対ではないのですが、難しいところだと思います。お芝居は楽しいです。福田恆存さんが書いていますが、義務教育では楽しいことをさせても仕方がない。義務教育では、しなければいけないことだけをさせるべきです。

丸谷　僕は、学校劇は必ずしも楽しいものではないと思いますよ。

山崎　実は私は学校演劇の推進者なんです。私は兵庫県の宝塚北高校というところに演劇科を作って、十五年間そこの子供たちを見てきました。素晴らしい国語教育と道徳教育ができるうえに、たとえば数学の授業なども普通科の生徒よりも熱心でにぎやかなんです。表現力もあります。

私はいまでも年に二回、そこの高校二年生を相手に講義をしています。終わるとその日の当番が立ち上がって、今日の講義をその場で要約します。そして自分はどこに感銘を受けたかを述べて、「ありがとうございました」と言うんです。同じことをクラスの全員ができます。それくらい演劇教育は教育効果が高いんです。

丸谷　じゃ、なぜ反対するの？

山崎　反対ではないんですけど、良い指導者を得るのが難しいんです。へたをすると、演劇クラブは言語教育と正反対の方向に行ってしまう。小中学校は、とにかく暗誦、朗読で十分です。

丸谷　僕は、みんなの前で話をする、つまり他者と自己との関係を確立するために、学校劇は役に立つと思うんですね。発音をはっきりとするとか、声をはっきりと出すとか、いろいろ意味があると思う。

山崎　スピーチのクラスは必要ですね。ただ、私は義務教育として国民に強制しなければいけない部分と、個人の自己実現として自由に習得する部分を分けなければならないと考えているんですね。

その意味で言うと、習字は学校教育には必要ないんです。鉛筆で字を書くことは、少なくとも当用漢字プラスアルファ程度は書けるように教えなければならない。ただし、筆で流麗な字を書くことは、自己実現の部分だから学校ではやらなくていい。

丸谷　鉛筆でも、あるいはマジックでもいいんです。大きな紙に大きな漢字を書くということをしないと、漢字の感覚が身につかない、つまり身体化しないんです。

山崎　そうですね。筆順、字画の記憶は身体の訓練ですから。いまのようにワープロ、パソコンが普及した時代は、読めるけど書けないという漢字が増えてしまいます。残念ながら私にも及んできていますから。

丸谷　いわゆる芸術的な習字とはちょっと違うんだけれど、どうせ字を大きく書くならマジックで書くより筆で書くほうが面白いのではないかという気はしますね。

山崎　作文教育については一二〇パーセント賛成です。前にも言ったように、記述ということをしっかり身につけないといけませんから。

短歌、俳句もいいと思うんです。これは才能がなくても形は作れます。五・七型という日本人にとって宿命的なものを使いこなせるようになるのは、いいことだと思いますよ。詩は作らせないというのも賛成。形のない現代詩はね、才能がないとつくれません。

入学試験と現代文

丸谷　入学試験について論じましょうよ。僕は国語の入学試験では現代文の出題はいらないと思う。

山崎　そこはちょっと微妙でしてね。もちろんいまの文学趣味の現代文の出題はいらないと思うんです。ただ、なぜ私がいまだに現代文にこだわるかという理由は二つあるんです。一つは、もうほんとに現代日本語の用法について崩壊が始まっているということ。先ほど「けんもほろろ」を理解できないのが、大学生で五八パーセントいるという話をしましたが、そういう状況になると、「けんもほろろ」がそもそも現代語か古語かわかりませんが、これを教えざるを得ない。

第二章でも入試の作文の例を挙げましたが、大阪大学の入試の作文を担当したとき、私はこういう問題を出したことがあるんです。「にもかかわらず」とか、「憾《うら》みなしとしない」といった文章と文章をつなぐ慣用句を五つ出しまして、これを全部使って猫の長所と短所を書け、というものなんです。

丸谷　いい問題だなあ。

山崎　それはどちらの立場でもいいんです。猫から見た長所と短所でもいいし、人間から見た立場でもいい。たとえば猫は木に登れるが泳げないとか、それでいいわけですよ。

丸谷　眠ってばかりいるからよくないとか（笑）。

山崎　中身のことは一切問わない。五つの言葉を的確に使って書きなさい、ということなんですが、素晴らしい成果が出ました。というのは、教師が三人で採点するんですが、その一致率が九〇パーセント以上あった。五つの言葉は決まっていますから、その用語法については大学教師の間で意見が違わない。しかも答案にいい文章があるんですよ、そういう制約があると。入学試験で百点というのはまずないもんですが、百点が三人出た。で、私は大いに誇りにしていたら、次の日から袋叩き。まず第一に出てきたのが、新聞記者から電話がかかってきて、先生、猫とは何ですか、人を馬鹿にしないでください。それは漱石の『吾輩は猫である』をふまえているんですか、と聞くから、いやただの猫だと答えたら、ふざけている、と言う。それから、これは不平等な問題だ、現在猫を飼えるようなのは豊かな家庭である、マンションに住んでたら猫は飼えない、だからこれは金持ち優遇の試験問題だ。最後は決定的です。五つの言葉を指定して文章を書かせるのは自由の剝奪、個性の否定である、と（笑）。

丸谷　程度の低い新聞記者ってのは、いつも同じ発想ですね。安易に正義派ぶろうとする。

山崎　まあ、そんな調子でした。そういう状況ですから、少なくとも文章の基本的な技法だけは試すべきだと思うんです。

丸谷　それは作文の試験で力をみることができるんじゃないですか。入試は古文、漢文、作文だけにするんだけど、作文は二通り出題します。ひとつはかなりの長い文章を読ませて、それを四百字二枚に要約せよという問題。それからもう一つは、普通の議論文を書かせます。たとえば動物園という制度の長所と短所を論ぜよとか、女帝は認めるか、認めないか、といった主題で議論文を書かせる。これはもちろん論旨はどちらでもいいんです。

賛成でも反対でもそれなりに議論の筋が通っていればいい。

山崎　そういうのはいいですね。

丸谷　野球の敬遠は卑怯か卑怯でないかというような。あるいは前に言った、地図とか写真とかを出してそれを文章で叙述せよというのもいいですね。だから作文の時間は非常に長いです。

山崎　なるほど。

丸谷　そしてその作文の採点を厳しくする。だめな文章にも半分の点数をやるというような採点はしないんです。最初の書き出しのところを読んでだめだったら零点というような、厳しい採点にしないとだめなんですよ。作文の試験に一日かけてもいいと僕は思っています。

山崎　ほんとにそうですよ。

丸谷　それで言葉の能力はかなりわかると思いますよ。

山崎　文科系の試験は、それだけでもいいんですよ。知識は大学に入ってから、いくらでも教えられますからね。

素晴らしい「教科書」がある

丸谷　教科書についてはどうですか。僕は、いまの教科書は薄すぎると思うんです。小中学校の国語の教科書はあの三、四倍厚くして、主として生徒が家で読むものとする。註は付けるけど設問は設けない。まだ教わっていない漢字も載せればいいんです。その代わり振り仮名を付ければいい。

高校の教科書は古文と漢文を中心にする。ただし、『源氏』と『大鏡』は教えません。あれはむずかしいもの。『徒然草』や『平家物語』どまり。現代文は、載せるのは結構ですが教えなくていいと思うんです。

山崎　それは大賛成ですね。国語というものを言葉として教えるようにしないといけません。私は義務教育で趣味的な文学教育をする必要はないと思うんです。

丸谷　大筋としては賛成です。ただね、言葉の機能があまりに低い教材だと、生徒がピンとこない面があるんですよね。文章として質が高くないと。僕は小学校の国語教科書をずっと見たけれど、もうひどい文章ばかりです。

そんな中で、唯一これは機能的で趣味のいい日本語の教科書だと思ったのは、谷川俊太郎さん、大岡信さん、安野光雅さん、松居直さんの四人の方々が編纂した『にほんご』（福音館書店）という小学校一年生の教科書です。これは検定を前提とせず、文部省学習指導要領にとらわれずに編集してあるので教科書（私案）となっていますが、ほんとうに素晴らしい、立派なものです。

山崎　私は丸谷さんに教えていただくまでこの教科書のことを知らなくて、ほんとうに恥ずかしいかぎりです。

いま言葉と体の関係、書く言葉の根底にも語る言葉があるんだという認識が、ようやく芽生え、広がってきました。これまでもさまざまな人が、断片的にはそれを主張してきたと思うんです。私なども及ばずながらそのことを訴えてきたつもりですが、いちばんそれを目に見える形で教科書にされたのが、この大岡さん、谷川さんたちの『にほんご』という教科書なんですね。これはちゃんと帯にそういう理念も書いてあるし、実際例としてもたいへん素晴らしい文章が出ています。おそらくこういう努力がいくつかあったあとに、齋藤孝さんの『声に出して読みたい日本語』（草思社）という本が出て、ベストセラーになった。そういう時期にこの対談をすることを、私はたいへん喜んでいるんです。

この『にほんご』という教科書について、私が感心したことをいくつか言わせてください。いちいち私は感心して驚いて、少し高級すぎはしないかという心配だけが若干残りましたが、すごい教科書です。まず〈ことばとからだ〉という項目があって、これは全文引用したいのですが、

「こうていに　でて、／あおぞらを　みあげながら／「そら」って　いってごらん。／かぜに　なったつもりで、／はしりながら「かぜ」って　いってごらん。／どんな　きもち？／ことばは　からだの　なかから　わいてくる。」

詩人がつくった教科書だから、当然だけれども、文章自体が詩になっていますよね。これは実際、演劇の訓練の中でしばしば使われる技法なんですよ。大岡さん、谷川さんお二人とも芝居には詳しいから、たぶん意識的にやられたんだと思うんですけどね。体で言葉を感じる、あるいは体によるオノマトペイア、とでも言うべきことなんですね。まずこれに感心しました。

さらに素晴らしいと思うのは、そもそも『国語』ではなくて、『にほんご』という教科書の表題です。日本語以外にもたくさんの言葉があって、日本語はその中の一つにすぎない。しかしこれは私たちの言葉だという理念が貫かれている。これも感動しました。

それから、先ほどの言葉と体の問題に結び付けていうと、言葉遊びもあります。言葉と

いうのは遊べるものだということを、こんな早い段階で教えるんですね。〈はんこ〉という項目でやっていることは、修辞学の言葉を使って言うとアナグラムなんです。つまり、ある言葉の文字を入れ換えると別の言葉になる。これは人の名前、ヤマグチカズコという名前の中から言葉をいくつか取り出すと、全然違った語彙ができるよということを教えて、遊ばせる。その少し先には「しりとり」が出てきます。

また、本の中にオノマトペイアがたくさん採用されていますが、擬音語のほうは「おとまねことば」そして擬態語のほうは「ありさまことば」という。これも見事な訳語だなと思って感心しました。

丸谷　この教科書はね、僕は昔からさんざん褒めまくっているんです。

山崎さんがこんなに評価してくださるので、とても嬉しい。この教科書にはいろんな美点があるんですけれども、根本のところにあるのは、冒頭に近いところにある「ないたり　ほえたり　さえずったり、／こえをだす　いきものは、／たくさんいるね。／けれど　ことばを／はなすことの　できるのは、／ひとだけだ。」ということ。つまり、言葉は精神の表現であり、人間がほかの獣や鳥と違うのは、言葉、そして精神を持っているからだということなんですね。言葉を使って伝達し、ものを考える。そういう言語論的な主張から始まっていて、全体としても言語論なんです。

山崎　そうなんですよ。少し高級すぎるかなという気がしたぐらい。

メッセージのない検定教科書

丸谷　でもね、何年か前の光村図書の小学校一年用教科書の冒頭は、「ひろいそら　たかくたかく　また　いきたいね　みんなのそら」と始まっている。それから教育出版のは、「ひらひら　きらきら　たかく　たかく」と始まっている。子供が初めて小学校に行って、初めて学校で習う日本語がこれでは、ほんとに程度が低くて、中味が貧弱で、可哀相だという気がするんだなあ。

こういう教科書は、子供に伝えたいメッセージが何もない人たちがつくっているんですよ。ところが谷川や大岡のチームは子供に伝えたいことがあるから本を書いている。それは彼らが大人に向けて本を書くときと同じ態度ですね。まったく変わらない。『にほんご』という教科書は、絶対に教科書検定に通らないし、また通らないと覚悟を決めた上でつくった。だからこれだけいい教科書ができるんです。

山崎　私は、その二つのいわゆる検定教科書の中身をよく知りませんけど、いま伺ったかぎりでは、言葉を便利な手段、ないしは道具として教えていますね、生きた言葉としてではなくて。たとえば「あ」という音を並べて、「あ」という字を教えるためにあの文章は作られているんですね。昔、「あかい　あかい　あさひはあかい」という教科書の文章があって、これは後に「朝日ジャーナル」で悶着を起こしたのですが、あの文例の場合だって、あれは「あ」という字を教えるために、「あかい　あかい　あさひはあかい」がただの手段として使われている。『にほんご』のほうは、筆者が言葉を自分の心の営みとして語っている。これは極端な違いですね。

丸谷　その通りです。

山崎　いや、私は、これを大学生に読ませてもいいんではないかと思うところがある。たとえば、〈なまえ〉という項目で、みんなに名前があることを紹介した上で、「わたしたちは　ひとりひとり、／じぶんの　なまえを　もってるね。／おなじように　ものも、ひとつひとつ／それぞれの　なまえを　もってる。／なまえは　ひとや　ものを、／ほかのひとや　ほかのものと　くべつする。」という。これは難しく言えば、言葉は混沌の中に名前を一つずつつけていくことによって、物事を個別化し、文節化していくということですね。

ところが、ここがすごいと思うんだけど、その次にいろんな動物の絵が描いてありまして、「ことばは　また／ひとや　ものを／ひとまとめにして／かんがえるのに／やくだつ。」これは、個別化とは反対の範疇化ということを言っているわけです。おそらく子供にもこれでわかるんでしょうね。私たちが大学で論理学で個別化や範疇化を教えるのは遅いのかもしれない。この段階で教えられるのか、と感心しました。

丸谷　そうです。この本の中には高度なものがたくさん入っているんです。人間は言葉があるから、ものごとを詳しく考えることができるわけですが、その、ものを考えるための仕掛けとしての言語ということまで教えようとしています。いわゆる伝達の言語と思考の言語との両方を教えようという態度です。

山崎　いや、とにかくそういう意味でも共感を覚えました。たとえば〈ことばさがし〉という項目では、「そら　という　ことばから　ことばが　でてくる。／あお　という　ことばからは　うみ　という　ことばが　でてくる。」というふうに連想の面白さを教えます。

これは私の国語教育論のために我田引水するのに非常にいいんです。この国語教科書の中には、論理学や歴史学もあれば、時間論まである。義務教育段階で歴史や理科を教える必要はない、国語だけ教えればいいという私の主張を例証するのに、素晴らしい教科書ですよ。

丸谷　結局ね、自国語をきちんと教えればそれでいいんですよ。

山崎　しかも、中身のある言葉をね。

丸谷　そうです。

山崎　言葉というのは本来中身のあるものですから、言葉を教えておけば当然中身もついてくるんですね。それを、いま丸谷さんが例に挙げた検定教科書のほうは、言葉を単なる伝達の技術的道具として教えておいて、中身は別の学課を立てて教えましょうと、こうやってるわけですよ。

丸谷　それは言葉の機能についてたいへんな勘違いをしてるんですよ。中身がなければ言葉はないんだという、その関係がわからない人たちがつくってるんですよ。

山崎　そうでしょうね。もう一つ具体例を挙げますと、〈もじのおと〉という項目があって、「うんと　びっくりしたときの　あ／なにかを　みつけたときの　あ／あくびの　あ／ひやかす　あ／がっかりしたときの　あ」このあともあるんですが、これはそのまま役者の教科書になりますね。

丸谷　役者教育のときに。

山崎　ええ、役者だけではなくて、ほんとにこれを身につけた子供たちなら、生きた日本語が話せると思うんです。私たち二人が慨嘆してきた国語教育問題について、ゴルディアスの結び目を一刀両断したという教科書ですね。

丸谷　そうですね。いや、賛同を得て、嬉しいです。

山崎　〈とき〉では、「ひとは、きのうへ　もどることは　できない。／あすへ　ゆくことも　できない。／でも　ひとは、こころの　なかで　きのうを　おもいだすことが　できる。／あすを　ゆめみることが　できる。」ですからね、大変な文章ですよ。これはすごい教科書でした。教えていただいてありがとうございました。これを使って、大学で教えます（笑）。

丸谷　つくりがすべて丁寧ですね。本をつくるってのはこういうことですよ。

山崎　安野光雅さんの挿絵もいい。当たり前だけど。

検定制度を壊したら

丸谷　僕は前からこの教科書をさんざん褒めているんだけど、この教科書のよさがいわゆる検定教科書には何の影響も与えてないんですよね。それが不思議なんです。これだけいいものを見たら、影響を受けるのが当たり前だと思うんだけど。

山崎　いや、それは、まったく別の理由で影響を受けないんですよ。影響を受けない社会的仕組みができているんです。文部科学省の権力ということだけではなくて、教師同士の間の力関係とか、教科書を採択する仕組みとか。気の毒なことに小学校の国語教師の体の中には、古いタイプの教科書がしみついてますから、この『にほんご』という教科書を使って、さて教えろと言われたら、教えられないんじゃないかと思うんですね。

丸谷　でもね、ある程度これは売れているらしいんですよ。

山崎　おそらく優れた良心的な教師には密かに影響を与えているんでしょうけど、その影響がかたちになって表れる社会的仕組みがないんですよ。ある先生が『にほんご』に感動して、これを使って授業を実際にしたら、教頭先生に呼ばれて叱られたり、日教組の教育研究集会に引き出されてしごかれたりするんじゃないですか。

丸谷　なるほど、そうかもしれませんね。たしかにこの教科書は文部省、今は文部科学省ですが、あれと日教組との両方に対して喧嘩を売るという態度でつくっている。

山崎　いや、逆に言えば影響はこれから出てくるんじゃないかと思いました。

丸谷　でも、これはね、山崎さん、一九七九年初版発行よ。

山崎　でもね、日本の誤った国語教育がいつ始まったと思います？（笑）もうそろそろ百年の歴史があるんです、そっちは。

丸谷　まだ短いか（笑）。

山崎　それと、私自身の恥を申し上げましたけれど、この教科書の存在をほんとに知りませんでしたから、案外知られてないいんじゃないでしょうか。

丸谷　そうね。僕があれだけやってもだめなんだなあ。やはり検定制度を壊してしまったら、日本の教育はかなりよくなるんじゃないですか。この『にほんご』がいい例で、検定でないとなればこれだけいい教科書をつくれるんだもの。だから、谷川、大岡チームが力を合わせて、小学校の他の学年や、中学、高校の教科書もつくればいい。中学用や高校用は、うんと厚くていいですよ。その中の然るべきところだけを先生が教えて、ほかのところは生徒が自分の家で勝手に読む。それで僕は十分に役に立つと思うんですね。そういう幅のある、ゆったりした教育をすれば、ずいぶん違うと思うんですよ。

山崎　そうですね。私は教育改革についてはかなり過激な意見を持ってますが、いまの制度の中で検定を廃止しても、やり方はいろいろあると思うんですね。ただ、国家の義務教育としてやる以上は、ある均質性を保証する制度は必要になります。

丸谷　もちろんそう。

山崎　『にほんご』の筆者である大岡さんも谷川さんも、やはり年次配当のことは念頭に置いて書いてらっしゃるわけですよ。

丸谷　ええ、つまり、どの漢字をどの学年で教えるとか教えないというのはあるでしょう。どこで教えるというのはもちろんかまわないけれども、その学年の前にその漢字が出てきたら、振り仮名を振って教えればいいんであって。

山崎　それはまったくそうです。

丸谷　そういうことを禁止するのが、いまの検定制度の杓子定規なやり方なんです。だから、配当表という一応の目安を決めるということと、それをごり押し的に遵守させるということとは違うわけですよ。

山崎　そうですね。つまり義務教育というのは国民の知識をある程度、均質なものにしていく制度なんだという理念さえあれば、その内容にはずいぶん幅があるはずだし、ましてや方法にいたっては複数あり得るわけですよね、だから、まあ、さしずめ検定制度を廃止して、たとえば指導要領の内容を書き換えて、つまり学年制、あるいは進度のテンポ、六年を終わったときにはこの程度の達成度、という要求をすればいいんですね。

丸谷　そうです。実に穏健な提案ですね。僕の思想は穏健なんだよ（笑）。

山崎　私はもっと過激で、社会を統一する教育と、個人が自己実現するための教育を分けるべきであって、義務教育は週三日でいいという説です。それ以外の日は、社会の教育機能に期待して料理学校であろうが野球教室であろうが、選択できるようにすればいいという考えです。

丸谷　それはそれで、筋が通ってると思いますよ。

山崎　併用すればいいと思うんです。義務教育も維持しながら、検定制度を廃止するということは、私はいまの時勢だったら可能だろうと思いますよ。

丸谷　僕はね、やっぱり検定制度廃止をしない限り、日本の教育はだめだと思う。

歴史教育に教科書はいらない

山崎　一つ不幸なことはね、検定制度が大きく問題になったのは、実は国語ではないんですね。実際、政治問題になったのは歴史でした。そのとき検定制度に挑戦した人たちが、実はイデオロギーにおいては大いに検定主義崇拝者だったわけですね。自分の歴史観だけが正しいという、他者を排除する考え方の点で。

丸谷　要するに左翼的な内容の教科書をつくられては困ると文部省は考えて、検定を強硬にしたわけでしょう。ところが今度は、右翼的な教科書をつくられてしまったわけね。未来を予測するってこと、本当にむずかしいなあ（笑）。

山崎　そういうことです（笑）。しかも、こっちのほうも左翼と同じ論理で戦っている。

丸谷　そうです。ところが、外国の側から見ると、検定というものはその教育内容を国家が推奨しているということになってしまう。

山崎　そうですよ。教科書は国費補助をしてるんだから、誰からでもそう見られるのは当たり前です。

丸谷　そして、それに対して抗弁する論理は、難しいんですよ。

山崎　ないんです。

丸谷　はっきり言えば、ないわけ。文部官僚なり内閣なりが一所懸命なんとか言い繕おうとしても、それは非常に困難、ないしは不可能です。だから、日本の歴史教科書の問題が外交問題になることを避けるためには、検定制度廃止しかないんです。

山崎　もっと根本的にいうとね、政治の正義と歴史の真実を分けるべきだと私は主張しているんです。国家が歴史の権威づけをやれば、それは政治の問題になるに決まっているんだから、学校教育からいわゆる歴史観を排除すべきだと思う。でも、私は歴史教育をやめてしまえとは言ってないんです。歴史というものの面白さは、特定の歴史観にあるのではないのであってね。過去を振り返って、それをしみじみ思い返すすべての営みが歴史なんだから、教科書なんかいらないというのが私の考えです。検定どころか、教科書自体がいらない。できることなら授業もやめてしまうというのがいいんですけど、そうすると歴史の先生の生活問題もあるので。

丸谷　ハッハッハ。

山崎　いや、私の本心の考えではね、歴史観を教えたい方は私塾を開かれたらいいんです。うちはマルクス主義日本史学校です。こっちは忠君愛国「国史」学校ですとね。

丸谷　皇国史観であると。

山崎　その両方に、生徒は好みで行けばいい、国は両方にクーポンあげますと、こうやっておけばいいんですけどね。だけど、それは現実性がないから、一応、学校の授業は続ける。先生たちに好きな文章を選ばせて、歴史に関する記述であれば、徳富蘇峰でもいいし、宮崎市定でもいいし、そういう歴史記述のある文章を生徒に読ませる。ただし学校でやる限りは複数選ばせる。たとえば西洋史でルネッサンスを教えたければ、ペーターも取りあげれば、ブルクハルトも読ませる。その文章の抜粋を二つ比べて、どうだ、違うじゃないか、ということを生徒に比較させたら面白いと思うんです。

丸谷 僕はこのあいだ、毎日新聞の書評で宮崎市定の『アジア史論』という本を取り上げました。僕が高校の歴史教師であれば、この本のなかの「東洋史の上の日本」という論文……四百字詰原稿用紙にして百二十枚くらいのものですが、これを使って日本史を教えるということを書いたんです。この論文を三十回ぐらいに分けて、一時間ずつ、ここに書いてあることは本当かというのをみんなで論じ合う。最後の十分で教員が自分の意見を言う、というふうにやる。つまり、僕が最後の十分で、自分の解釈を言うわけね。宮崎市定の日本史は、古代史のところを見本に引くと、こういう調子のものです。カッコのなかは僕の補足。

アジアの東西を貫く交通の大幹線において日本はその東の終点である。これから更に東は太平洋であるから進みにくい。この終点へ、青銅製の幌馬車（BC3000年ごろメソポタミアで生れた青銅器文化）と、鉄製のトラック（BC1000年ごろメソポタミアで生れた鉄器文化）とが同時についたから、さア日本は大へんだ。今まで新石器時代の惰眠を貪《むさぼ》っていた日本人は、上を下への大騒動を演じた。新しい文化が輸入されるということは、今まで大した価値のなかったものに急に値が出たことを意味する。先ず第一に値が出たのは人間だ。人間をつかまえて楽浪郡へ持って行けば奴隷として買ってくれる。その代価に鏡だの刀剣だのをもらって帰れる。楽浪郡まで行くには船が大事だ。そこで船にする材木に値がでた。山から木を伐《き》り、船をつくるには労力が必要だ。労力の根本は食物で、食物は土地から出る。そこで今度は土地に値が出た。新開地は新しい交通線の出現によってブームに沸く。将来どこまで発展するかもわからない。こういう形勢を見てとって、いわば大いそぎで広い土地を買い占めて大地主になったのが大和朝廷家だ。

生徒は百科事典を引いたり、地図を見たりして考えなければならない。メソポタミアはどこにあるか、とか、青銅器文化とは何か、とかね。半分くらいのとこで終わっちゃうかもしれないけど、宮崎市定の論文はこの通りものすごく独自なもので、しかも面白いからみんな先まで読むに決まってる。とてもやめられない。さきを読まない生徒もいるだろうけど、それはそれでいいというのが僕の考え方なんです。要するに歴史というのはそれでいいんだよ。

山崎　そうですよ。国語の場合はね、私はある程度の均質性が必要だと思いますよ。小学校を出たのに、あっちの県の子は漢字を百知ってるのに、こっちの子は五十だというのはまずい。

丸谷　そう、それはまずい。その通り。ただし、いまの国語教科書を見ると、あまりにもつくり方がくだらないのね。「学習の手引き」などというものがあって、愚問の連続が出してあるんですよ。ああいう余計なことをゴチャゴチャ言われると、テクストそれ自体と向かい合うのの邪魔になります。そして文章を読むというのは、テクストとじかにぶつかることなんですよ。

国語教科書と倫理性

丸谷　齋藤孝さんの『声に出して読みたい日本語』（草思社）がたいへん評判になって、売れていますね。日本語ばやりの火付け役でしたが、僕は彼の意図は面白いと思います。ただ、国語教育で生徒が非常にいやがる要素がある。それは倫理教育になるってことなんですよ。

山崎　ああ、なるほど。

丸谷　一種、偽善的な感じになるんですよ。齋藤さんの本を読むと、齋藤さんは、感動させる文章でなきゃならないと考えている。感動させたい。感動させるなら倫理的に感動させるのがいいというのが主調になっているように思われるんです。僕は、これはかなり難しい問題だなあと思いました。

山崎　私は、齋藤さんのあの本は、直接的に文章の内容で倫理教育をやろうとはしていないと思うんです。たとえば『がまの油』などが例文に出ていますからね。ただ彼の言う、腹から声を出せ、四股を踏んで声を出せ、足腰からだという考え方自体の中に、私は若干倫理的なものを感じますね。たしかに日本語の基本はあれなんですよ。日本風の歩き方、丹前だとか六法だとかいうような歩き方を、例に挙げるわけですけれども、そういう歩き方自体が日本人の生活のすべてかというと、若い人たちはいま8ビートだとか16ビートの音楽を聞いているわけですよね。そういうものも含み得る日本語であることが望ましいわけです。たとえば、例文の中に村上春樹氏もなければ丸谷さんもない。著者はやっぱり古風な日本人像を頭に置いて、そのレベルで言葉と体を結び付けてるんです。言葉と体の接点にもいろいろ多様性があるはずなんですがね。

丸谷　あ、もう一冊のほうか。齋藤さんの『理想の国語教科書』（文藝春秋）という本の中に、小林秀雄の『人形』という文章が載っています。小林さんが列車の食堂車に乗ると老夫妻がいて、男の人形を立てかけて食べさせながら二人が食事する。子供を偲んでの食事らしい。それを見て小林さんが非常に感動する。ただ感動、感動、感動という、そういう文章です。でも、僕はあんまり感動しないんですよねえ。

山崎　しませんね。

丸谷　感動の押し売りをやっているような気がしてね。僕が生徒で、こういう教材を教えて、教員が感動せよ、感動せよ、というのをやったら、非常に反感持つだろうなあと思った。親が子を思う気持ちはわかる。しかし、その気持ちが家庭内で表現されるんでなくて、公衆の場まで持ち出されて、他人のいるところでやる。その挿話とほぼ共通な、強引なものを、僕は小林秀雄のその文章に感じたんですよ。それがさっき言った国語教科書の倫理性と関連して、ある種のひねくれた生徒から見ると偽善性に見えるんじゃないかと思いました。

山崎　いやあ、それは抜きがたくありますよ。だって、国語教科書にしばしば出てくる名作の二つがね、一つは芥川の『蜘蛛の糸』で、もう一つは太宰の『走れメロス』です。両方とも道徳以外に何もない作品ですよ。

丸谷　僕はね、ああいうのを読むと、実にムカムカする。

山崎　しかも、キャプティブ・オーディエンス——つまりとらわれた聴衆として聞かされる生徒にとっては、不良になりたい気分になると思うな。私なら不良になったな（笑）。

丸谷　僕は『蜘蛛の糸』を中学生のときに読まされて、とってもいやだった。というのはね、それ以前に『蜘蛛の糸』を読んでいまして、自分で読んでいるときには、あれほどいやじゃない（笑）。教室で読まされると、ものすごく道学的になるんですよ。そういう心理というものがある。それはやっぱり学校という制度がそういうものなんでしょうね。

山崎　それはおっしゃる通りで、もっと大事な国語の叙述、論証といった機能を犠牲にしてやってるから、もっといけませんね。

正典とアンソロジー

丸谷　それで、国語教育について僕、考えてることがあるんですよ。カノンという概念がありますね。正典と普通訳しています。近代国家は国語を定めるときに、その基準として正典、カノンというものを定めたわけです。イギリスでいうなら、シェイクスピア、ミルトン、ロマン派の詩人たち、あるいは『ガリヴァー旅行記』や『ロビンソン・クルーソー』など……。

山崎　これに欽定聖書は入りませんか？

丸谷　もちろん入ります。バイブルからディケンズ、ジェイン・オースティン、フィールディングの『トム・ジョーンズ』。バイブルからディケンズにいたるまでを標準的な文学作品として、国民文化を統一した。それによって国民の趣味、思考、ものの考え方の型、言い回しの型、規範、そういうものを定めたわけですね。同じようなことは各国でありました。フランスでもドイツでも、もちろん日本でもあった。

で、明治国家の正典は何だったか。まずそれ以前に、民衆がカノンとして定めていた『小倉百人一首』というものがあります。これは江戸時代に、すでにみんなが定めていたわけですね。

山崎　なるほど、それは気がつかなかった。『小倉百人一首』ですか。

丸谷　それを明治国家は引き継いだ。さらに『古事記』なんてのも、明治に入ってからわりに大事にされた。明治政府の文部官僚は本居学派でしたからね。それから、これは非常に江戸人の趣味が入ってるんだけども、『徒然草』『方丈記』も、なんとなくカノンの感じになった。『平家物語』、芭蕉、蕪村がなった。また、別口のものとして『論語』、李白や杜甫などの『唐詩選』、これが江戸時代からの続きとしてあった。『日本外史』もカノンみたいなものですね。

山崎　ハハハ、なるほど。

丸谷　『源氏物語』は敬遠されましたね。これはやっぱりけしからん本である、国を乱すし、淫行を教える、よろしくない、国体にもとると（笑）。

山崎　同様に、歌舞伎も狂言もだめでしたね。語り言葉系のものは全部だめでした。

丸谷　『万葉』と『古今』『新古今』、これは相争って、何となく『万葉』が勝った。それが戦前でしたね。

山崎　そうでしたね。

丸谷　それから、漱石、鷗外もなんとなく入った。

山崎　漱石は入りましたが、鷗外はどうでしょうね。

丸谷　鷗外は、ほら……。

山崎　『ぢいさんばあさん』？

丸谷　まあ、『ぢいさんばあさん』までは行かないかな。たとえば『高瀬舟』とか、『阿部一族』とか。
山崎　『阿部一族』は危ないですよ。
丸谷　危ないか。とにかく何か入った。それでさらには正典の系統図みたいなものをつくろうとした。ただ、ほかの国は正典を定めるとほぼ同時に、アンソロジーをつくったんですね。ところが、不思議なことに明治日本はアンソロジーをつくらなかったんです。
山崎　ああ、そう言えばないですね。アンソロジーをつくったのはドナルド・キーンさんが最初かもしれませんね。
丸谷　これはどうしてなのかと思って僕はいろいろ考えたんだけどもね、『小倉百人一首』及び『古今』『新古今』的な勅撰集の編纂によって、近代日本人はアンソロジーに対して食傷してたのね。
山崎　ハハハ、なるほど。
丸谷　強引かもしれないけど、実はそうなんじゃないかな。ともあれ、いまでもわれわれの頭の中には、正典という概念はあるんですよ。
山崎　あ、もう一つ付け加えましょう。『歳時記』。

丸谷　そうね。アンソロジーという面、たしかにありますね。それで僕が言いたいのは、「文學界」（二〇〇二年五月号）で、漱石、鷗外が教科書になくなっていいのかという特集をやったんですが、あれはつまり、正典概念が破壊されたという騒ぎなんですね。

山崎　あれは小中学校の話でしょう？　しかし、漱石と芥川は高校教科書でたいへん幅をきかせてますよ。

丸谷　とにかく教科書は正典によってつくるものだという考え方が非常にあって、正典という概念が侵害されたと思ったときに、あの特集が出るわけね。それで、いろんな人が論じてる。漱石、鷗外がないのは困るとか、こういう作家の作品があるべきだとか。あれは正典というものが大事で、それが国語教科書のいちばん大事な問題だと思っている人の編集なんでしょう。僕は文藝雑誌が国語教科書の問題を取り上げるのは、非常にいいことだと思っていますよ。

山崎　ええ、それはいいことです。

丸谷　あれは感心したんです。感心したけれども、作者名だけで国語教科書問題を論じるのは、あまりにも大味じゃないかなとも思った。思ったあとで、しかし、正典という概念を持ってくれれば、多少理解できないことはないなあと。

無理をした明治国家の正典概念

山崎　ただ、さっきお話しになったイギリスのケースを挙げますとね、正典にされているものが、欽定聖書からシェイクスピアを含めて、近代国民国家設立の前夜、もしくは設立のころに形成された英語なんですね。日本の場合、非常に具合が悪いのは、明治のところで文体が切れてるんですよ。さっき私がちょっと狼狽《ろうばい》したのは、『小倉百人一首』が出てきたからなんですが。これはたしかに時代の壁を貫いているかもしれません。

丸谷　貫いてるんですね。

山崎　それと同時に、七音五音というリズムそのものは壁を貫いたと思います。ただ、たとえば『古事記』や『万葉集』が近代日本国民国家の正典だったんでしょうか。自然な意味でですよ。

丸谷　いや、正典に仕立てたかったんですね。

山崎　そうそう、そこに無理があったという気がするんです。

丸谷　そうです。明治国家の態度は非常に無理があったんです。僕が『古事記』を挙げたのはそういう意味ですよ。とにかく『古事記』を入れたくてたまらなかった。それから

『万葉集』も入れたくてたまらなかった。

山崎　とくに『万葉集』はそうだったでしょうね。

丸谷　それで、古代から続いている文学の歴史を出したかった。それは気持ちはわかるんですよ。というのは、一国語の文学史が、これだけ長く途切れなくて続いてる国は、ほかにありませんからね。たとえばギリシアなんて国は、専門の学者にとってはともかく、僕たち普通の読者にとっては、古代文学があって、あとは二十世紀文学がある、それだけですからね。

山崎　それはそうだ。

丸谷　そういう国に比べれば、圧倒的に違うわけです。それを自慢というか、誇りに思いたい。それはわかります。で、また誇りに思っていいことだと思う。しかし、明治国家の正典概念は、かなり自然な感じの欠ける、無理なものでした。それは官の側の論理としても変であったし、アララギ派の歌人たちの論じ方も変であった。なぜ変かというと、つまり、『古今集』以下をけなすことによって『万葉集』を立てようとしたんですね。

山崎　そう言えば、正岡子規も罪の一端を担ってますよ。

丸谷　もちろんです。和歌の歴史の展開からいって、『古今』的なものと『万葉』的なものはあんなに対立していないんです。むしろなだらかにつづいていると見るほうが正確でしょう。藤原定家も大岡信も明らかにそう考えてますね。それを近代日本は源平合戦みたいに見立てることによって、優劣をつけたわけでしょう。そういう非文学的なことで喧嘩をしたわけですね。それによって作られた正典であるという点で、やっぱりおかしいんですよ。

山崎 なるほどね。

漱石と鷗外のちがい

丸谷 でも、近代日本という国柄の不憫なところは、そういうことをしなければならなかったってことですね。

山崎 非常に大雑把な枠組みをつくれば、国民語というものを官製でつくらざるを得なかった、民間がそれを準備する暇がなかった、ということですね。先ほど丸谷さんがおっしゃったように、書き言葉のほうで伝統を繋いでいきましたから、そうすると明治維新ではっきり断絶してしまうんですね。たとえば狂言とか歌舞伎の言葉、あるいは講談、落語の言葉などが、もう少し正当に扱われていると、その脈絡が少し繫がったような気がするんですけどね。

丸谷　そうですね。二葉亭四迷に対して坪内逍遥が、円朝の落語、円朝の人情噺の文体、あれを使えば口語文をつくれるといって教えたという話があるでしょう。あれなんかは、いまの山崎さんの意見と一脈相通じる考え方ですね。それは非常にいい着眼点だったなあと、僕は思ってるんですよ。

山崎　これは思いつきというか、勘で申し上げますが、漱石は若干そういう話し言葉の匂いがしますね。

丸谷　そうですよ。漱石はさんざん落語聞いてるもの。鷗外は……。

山崎　真面目な人で、しかも標準語を一所懸命に勉強した人ですからね。

丸谷　そうです。だから、やっぱり不自然ね。

山崎　ただね、日本語について意識的だったのは鷗外で、漱石は実にいい加減なんですよ。自分が江戸っ子で、もう生まれたときから慣れてるから、言葉なんて俺の言い方、書き方が正しいんだという意識があるでしょう。魚の秋刀魚《さんま》を「三馬」と書くんですからね、平気で。

丸谷　そうそう。それはもう、いい加減だ。

山崎　そこは面白い逆説でね、まさに日本語の全体像を反映してるんですよ。つまり、田舎から出てきて東京大学を出て陸軍に入って、それで一所懸命悲しい小さな日本国家を背負っている鷗外としては、いい言葉を書かなきゃいけない。だって、現実に彼は東大に入ったとき、友達にさんざん方言をいじめられるんです。

丸谷　あ、そうですか。

山崎　お父さんが寄宿舎の鷗外を訪ねてくるんです。するとお父さんに友達があだ名をつける。それが「きんされい」というんですよ。「きんされい」というのは「いらっしゃい」つまり「帰っておいで」という意味らしいですけど。そういう中で歯を食いしばって、鷗外は日本語をつくる。その点、都会っ子の漱石は気楽でいいですよ。いまだにわれわれは、そのギャップを背負っているんでしょうね。

丸谷　お父さんの方言のことは『ヰタ・セクスアリス』にありましたね。思い出した。漱石の背景には古い江戸文化がありましたからね。ごく自然なかたちで。標準語をわざわざ学ぶ必要もないし。そこは鷗外と漱石の大きなちがいでしょう。

話し方は難しい

山崎　私は、日本の教育でどうしても回復しておかなければならないのは、話し方についてだと思うんですね。谷川、大岡さんたちの『にほんご』の中にはちゃんとそれも入っています。こういう教科書で実際にやればいいんですけども、そもそも教えられる教師がいないんですね。

丸谷　日本語問題ですぐに行き着くのはそこなんですよ。たとえば入学試験は作文を重視すべきだと言うでしょう。でも、採点者がだめじゃないか、と言われると困っちゃう。

山崎　ただね、作文に関しては、いままでのような倫理的、情緒的な文章ではなくて、論証・記述の文章を中心にすれば、先生たちもわかると思うんです。まだ作文については、筆をとればすらすらと書けると思っている人はいないし、みんな作文は大変だということを知っています。しかし、話し方については、難しいとは思っていないんです。日本語というのは口を開けたら出てくるものだと、みんなわりあい安易に思ってるわけですね。そこが困ったところなんですよ。

丸谷　そうなんだよ。だから、大勢の人の前で挨拶をするなら、原稿をつくって、それを読んでみて、人にも聞いてもらって、その上でいいとなったらその原稿を暗記するのがいちばんいいんです。暗記が難しいというのなら、原稿を持ってきて、それを見ながら話す。そうすれば時間も短くてすむし、みんなにもよくわかるし、粗筋を外れることもないと、僕はさんざん言ってきたんだけれども、それを守ってくれる人が非常に少なくて……。

山崎　面白いことに西洋人の多くは、かなり簡単な挨拶でも書いてきて喋りますね。それじゃ、いかにも朗読調で自然じゃないだろうと思うと、そうではないんですね。ちゃんと生きた言葉のように話す。その作業がいちばん演劇的なんです。演劇の台詞というのは全部書いてある。役者はそれを覚えてから、生きた言葉にするんですから。

たとえば、外国語の会話の勉強をするとき、ごく短い言葉を暗誦させますよね。これがいちばん有効な外国語会話の勉強法なんです。それをそのまま日本語についてやればいいんですよ。

丸谷　そうですよ。だって、リンカーンのゲティスバーグの演説、あれにも原稿があるんですよ。あんな短いのに。

で、僕はみんなに言うんです。いいですか、リンカーンみたいな偉い人があんなに忙しい最中に……戦争してるんだからね、忙しい……あんな短い話をするのにも原稿を書きました。皆さんは失礼だけど、リンカーンほど偉くはない（笑）。戦争の最中ほど忙しいわけではない。しかもあれよりはずっと長い話をする。だから原稿を書いてくれってね。

山崎　国立国語研究所が発行した『話しことばの文型』に、日本人の話し言葉の例が出てきます。あんまりおかしいので、ちょっと引用します。

デ　エー　ワタクシガ　キョウ　申シアゲマス　コトハ　エー　話シコトバノ　文法体系ハ　コウイウ　モノダト　イウ　コトヲ　カカゲテ　エー　示スト　イッタヨウナ　用意ハ　今ノ　トコロ　ワタクシハ　アリマセン。

日本ガ　ソウイウ　モノハ　ドウモ　全般的ニ　多少　風潮ガデスネー　アノーマダマダ　医学的　心理学的ナ　面ガ　強イヨウニ　思ワレル　ワケデス。

エー　マー　イロイロー　申シマシタガ　エー　結局　ソノ　子ドモガ　アー　コノー　デキタ　喜ビヲ　味ワエルヨウニ　コノー　デキタト　イウ　喜ビガ　次ノ建設へ　進ムンダト　イウ　マー　原理デスネ。（国立国語研究所研究報告一八『話しことばの文型(1)』一九六〇年）

丸谷　まったく、前後が繋がっていないものね。でも日本人の話し言葉なんて、だいたいがこんなものですよ。
山崎　しかも気分としては、それは理解されているんですね、その場では。
丸谷　そうなの。Aという会社の社長がB社の創立五十周年記念のパーティーに行ってお祝いを言う。初めから終わりまで聞いてて、何もないいんですよ。こういう席で私のような者が、諸先輩を差し置いて出るのは本当に申しわけない。しかし、実は昨日B社の社長が鎌倉の私のうちまでわざわざいらしてくださって、話をしてくれということであった。それでいろいろご辞退したのでありますが……というような話を、十分も二十分もやって、何かむにゃむにゃと終わるわけだ。そういうもんなんですよ。
山崎　言葉は自分のものじゃなくて人のものだ。あるいは、もうちょっと言い方を変えるなら、世の中のものだという意識がないんです。聞いている人のことなんか考えてない。自分の言いたいことも大してないんだけれど、自分だけの言葉として喋ってるんですね。
丸谷　だから、それを僕は村落的言語というんだけどね。山崎さんは村落というものを知らないでしょう。
山崎　いやいや、だって日本中村落ですからねえ。
丸谷　そうか。まあ、そう言えばそうですが。村落的言語ってものがあって、村落的生活においては、意見をはっきり口に出して言うと、あれは喋喋しい人間であるといって嫌われるんです。すると、嫌われないで何か挨拶をするためには、できるだけ無内容なことを言わなきゃならない。で、単に謙遜、へりくだり挨拶を長々とやるわけです。そうすると、みんながもう、うんざりしてくる。それを一種の感銘として受け取る（笑）。それが日本人の村落的言語生活だという面があるんですよ。

英語で演説原稿を書いた伊藤博文

山崎　不謹慎な例を思い出しました。大学教授会で人事、あるいは博士論文を通そうとするときにどうするか。推薦者が延々三時間喋るんです。三人いますからね、だいたい人事のときも、それから論文のときも。こもごも立って一時間ずつやると、とにかくもう聞きたくないから通そうという気持ちに、みんななる。

丸谷　折口信夫は自分のだめな弟子の博士論文を通すときに、博士論文の審査の席で審査員の教授一人ひとりのところに行って、誰それは……誰それと言うときに、あの人は弟子の名字を言わず、名前で言うんですって。たとえば、「才一はまったくできなくて、だめなやつですが、私がこれからしっかり勉強させますから、私に免じて何とぞ」って、頭下げるんだって。

山崎　ほう。あの大先生が、やったんですか。

丸谷　だから、必ず通るわけですよ。

山崎　そうか。じゃ、それは村落的言語の短いほう。で、私が挙げたほうは村落的言語の長いほう。

丸谷　そうそう。いちばん短いのがお辞儀ですよ。僕はそう思った。うん、これは記号論的な問題だな（笑）。

山崎　淡路島出身の国会議員で、衆議院議長までやって勤続何十年で銅像まで立った某代議士は、選挙になると奥さんを連れて演説をした。自分は演説しながら、奥さんを白足袋をはかせて横で土下座させるんですって。奥さんはそうやってひたすらお辞儀してる。そうすると聴衆は演説なんか聞いてないわけです。この奥さんに免じてみんな票を入れる。まさにこれは村落ですよ。

丸谷　そういう村落共同体的な言語から何とか恰好つけたいというのが、明治の知識人だったわけです。

山崎　そうですね。福沢諭吉もそうだし、馬場辰猪《たつい》もそうだし。

丸谷　伊藤博文は演説をするときに、まず自分で英語で原稿を書いたんですよ。彼はできるから、バーッと英語で書いて、それを秘書官に渡す。秘書官がそれを日本語の口語文に訳す。それが伊藤博文の議会演説なんですって。つまり、日本語では口語体というものが書けなかったわけ。

山崎　大隈重信でしたっけ、口語体で喋ると、どうしても語尾が止まらなかったのは。「そうであるんであるんであーる」というふうに、「である」が三回ぐらい重なるんですってね。

丸谷　結局、われわれの日本語問題は、そういうところが大事なんですよ。たいへんなことなんです。

山崎　ほんとにそうですよ。たいへんなことです、これ。

丸谷　ねえ。総理大臣が英語で演説を書くしかなかったというところから考えれば、いまの総理大臣の演説がくだらないと言ったって、むしろ進歩のあと著しいと褒めるべきなのかもしれない。

山崎　そうですね。

丸谷　正直なところ、僕はあまり感心しませんけどね。もうすこし中身のあることを、もうすこし論理的に、そしてもうすこし面白く言ってもらいたいと思うなあ。そもそも近代民主政治が言葉でするものであって、身分とか財産の力でするものではないということを、日本の政治記者がよくわかってない。断片的な言葉をちょっと引用するだけでしょう。言葉全体の論理の構築を問題にしないわけです。ましてレトリックなんか眼中にない。いったいに日本の新聞の記事っていうものは、野球の記事にしてもスペースが小さいのね。

世界を制覇する日本の大衆文化

山崎　いま日本語ブームが起こっているのは、多層的な意味を持っていると思うんです。言葉は、われわれの身体にしみ込んでどうしようもないものである反面、意識的にどのようにも変えられるという側面があるわけです。さまざまな日本人論があったけれど、とういちばん核心をつく問題に向かわざるをえなくなったんでしょうね。

丸谷　自分がいつも使っているものについて、使っている当人が考えざるをえなくなった。ありきたりの日本論とか日本的思考という説には、飽き飽きしてきたんでしょうね。これは、日本国民全体の無意識的な欲求があるんでしょうね。

山崎　話は少し変わりますが、いまや日本的ということも、だいぶ質が変わってきたようですよ。最近「フォーリン・ポリシー」という雑誌に、ダグラス・マッグレイというジャーナリストが、非常に面白い論文を書いています。日本文化が世界を制覇しつつあるという、面白おかしい話なんだけれども、中身を見るとそれほど荒唐無稽でもないんですね。要するに大衆文化のレベルなんですよ。われわれ日本人が意識している以上に、日本発のさまざまな大衆文化が世界を動いてるんですよ。

丸谷　カラオケとか？

山崎　カラオケ、あるいはマンガですが、その度合いが、ちょっと私など自覚してなかったところまで来ています。そこは、アメリカのジャーナリストらしく、客観的かつ公正に判断している。たとえば『ポケモン』という漫画は、三十カ国語に翻訳されて、六十五カ国でいま放送されているんです。キティちゃんという猫の人形は日本製ですが、これは単体で年間十億ドルを売り上げて、そして一万五千弱の商品の意匠、デザインに使われている。いわゆるキャラクターですね。そしてアメリカのテレビ及びハリウッド映画に、日本のアニメ、マンガの影響がきわめて甚大である。もっとすごいのは、いわゆるJポップ――日本のポピュラーミュージック、東京のファッション、婦人雑誌がアジアの若者の間に圧倒的に広がっているんですよ。

丸谷 東アジアにおける日本の女の雑誌の影響はすごいらしいのね。

山崎 らしいです。それで、私なんかその存在さえ知らなかったんだけど、日本に「まんだらけ」という店があるんですって。マンガとかマンガのキャラクターグッズを売っている店なんですね。マッグレイ氏によるとそれがついに支店をロサンジェルスとボローニャに出したそうです。で、あと何年かすれば、国内販売よりも国外で売るほうが多くなると、経営者が予測しているというんですよ。

さらに、これはニューヨーク・タイムズの判断なんだけれど、いまや東京ファッションというものはミラノやパリと並んだというんです。その中身は私はわかりませんよ。とにかく彼が言うには、いまや日本はグロス・ナショナル・プロダクツの時代ではなくなった。そのかわりグロス・ナショナル・クール——クールってのはかっこいいという意味ですね。「国民総かっこいい」の時代になってると言う。気がついていないのは、日本人だけだ。

マッグレイ氏はちゃんと実例を引用しているんですけども、そういう大衆文化の上に乗って新しい美術運動、これは芸術の世界ですけど、「スーパーフラット」という新しい様式ができてきた。これはマンガの平面性みたいなものを、もっと極端にした美術運動らしいんだけど、それが世界に広がって、ついにロサンジェルスのゲティー・センターが世界的な展覧会をやる。これが初めての日本発の美術運動なんですね。だって、その前のポップアートだとか、ハイパー・リアリズムだとかはみんな欧米製ですから。

私が言いたいのは、何も国粋主義的な話ではないんです。つまり、マッグレイ氏が言うのは、世界に広がっている日本文化は少しも日本的でない。それがいまや世界を支配している。おそらく今後ももっと広がるだろう。で、問題は、日本人がそのことに気づいてないだけではなくて、その意味を自分で説明していないことだ、と言うんですね。つまり、日本人は他の感性分野、創造力の分野では相当頑張っているが、結局、言葉がないということなんですね。それには私も、その通りだなと思わざるを得なかった。

丸谷　なるほど、それは面白いですね。いいところを指摘している。

山崎　近代の日本人は、きわめて乱暴に要約すれば、二種類に分けられた。日本は遅れているから西洋の真似をしなければならないという系統と、日本は世界に冠たる国だから、西洋の真似などしないで独自性を発揮しようという系統が、対立してきたわけですよね。表面だけ見るとちっとも国粋主義的でない人たちが、「日本的経営」で浮かれたこともありましたから、いろいろ様相は変わるんだけど、だいたいその二つの流れの中で模索しながらやってきた。それがやっと、とくに日本的なものを守ろうとか、西洋の真似をしようという意識なしに、普遍的な創造力を発揮して、作品をつくり出し、それが国際化する可能性が見えてきたわけです。

丸谷　いちばん典型的に示しているのは、浮世絵を始めとする日本美術がモダンアートを生み出したという例ですね。あの出会いがなければ二十世紀の美術はなかったわけですよ。また、あの感受性に刺戟されて、二十世紀の文学は出来あがったという要素が、かなりあるわけです。いわゆる国粋主義的な日本文化の把握とは違う、別の形の日本文化の把握があるんですね。結局それでいくと、いわゆる国民文化ってものはなくて、国際的な文化があるだけだ。そういうことになっちゃうわけでしょう。

山崎　そうそう。おっしゃる通り。要するに文化があるだけなんですよ。

丸谷　そうなんです。実に簡単なんです。

山崎　そういうふうに他の表象世界では、日本はやっとナショナリズムを超えて、国際的にある影響力を持ち始めている。にもかかわらず、その意味を言葉によって説明する、意味づけて訴えるということはできていないわけです。遅れをとったのは言葉だという感じがしますね。

個々の文学作品や学術的な研究だけを取り上げれば、けっこう日本人はやっていると思うんですよ。ただ、問題はそれを支えている思想、言葉に対する姿勢のあり方です。丸谷さんが提起されたように、母親の言葉からして土台を失っているとしたら、恐ろしい話です。日本人が世界に対して無口で説明下手なのは、日本語が難しいからではない、日本人が言語による表現をおろそかにしたからなんです。

丸谷　日本語ばやりの背景には、それに対する不安感が濃密にあるわけですね。子供に言葉を教える場合、ネイティブな要素がいちばん大事なんです。日本語のネイティブなもの、つまり和語の構造がどれだけ伝わるかでしょうね。それが身についていて、はじめて国際的なものを身につけることができるんです。

あとがき

丸谷才一

山崎正和さんとわたしはじつに多くの回数、対談をした。いろいろの雑誌がわたしたち二人に話し合ふことを求めたし、それに、編集者から何かの主題を出されて誰か話相手を選ぶやうにと言はれたとき、彼はわたしを、わたしは彼を、名ざしすることがしばしばだつたやうである。そんなわけで、二人は、あるいは東北を論じ、東京を論じ、二十世紀を論じ、日本史を論じ、歌会始を論じ、『假名手本忠臣藏』を論じ、「文藝春秋」を論じた。それなのに、日本語を論じたことはなかつた。これは向うが劇作家兼批評家であり、こちらが小説家兼批評家である……つまりどちらも日本語が商売道具であることを考慮に入れると、かなり奇妙な脱落かもしれないが、しかし今まで大事に取つて置いたのだとも言へる。事実、さう形容して差支へないくらゐわたしたちは熱中して語りつづけたのである。二人の対話の基調は、近代日本語の運命に対する関心である。われわれの国語は、ずいぶん強引な形で成立した、といふよりもむしろ成立させられたもので、そののちもきびしい条件を突きつけられて、大弱りに弱りながら精一杯に努力してゐる。あれこれと苦心しながらしかしどうもうまくゆかない、と言つてもいい。さういふ言語を使つて生きることへと寄せる思ひを、なるべくしめやかにではなく、わたしたちは語らうとした。あるいは、さういふ感懐に裏打ちされてゐる文明評論を試みようとした。

日本語論でむづかしいのは、主題が主題だから、質の高い日本語の使ひ方をしなければならぬといふことである。つまりこの場合なら、二人の人間が一つの話題をめぐつて語り合ふことの模範試合みたいなものを求められる。わたしたちの対談が、その高さに達してゐるとはとても思へないが、気が合つてゐることはたしかだし、経験を積んでゐることなら自信をもつて言へる。それに、かなり準備をした上で席に臨んだから、中身の濃いものになつてゐるはずだ。

放言に見えるものが責任感のあらはれだつたり、空論と聞えるものが極めて実際的な提案だつたりするのは、わたしたちのいつもの流儀である。この眇《びょう》たる本が、今すぐにではなくていいけれど、文明に対してじわじわと効いてくることを、わたしは期待してゐる。

この対談の一部は「文藝春秋」二〇〇二年九月臨時増刊『美しい日本語』に掲載されました。

丸谷才一（まるや　さいいち）
作家、評論家。一九二五（大正十四）年、山形県鶴岡市生まれ。五〇年、東京大学英文科卒業。『笹まくら』（河出文化賞）『年の残り』（芥川賞）『たった一人の反乱』（谷崎賞）『後鳥羽院』（読売文学賞）『忠臣蔵とは何か』（野間文芸賞）『横しぐれ』（インデペンデント外国小説賞）『樹影譚』（川端賞）『女ざかり』『日本語のために』『文章読本』『丸谷才一批評集一〜六』『青い雨傘』『男もの女もの』『思考のレッスン』『花火屋の大将』など。「多ジャンルにわたる知的にして旺盛な文筆活動」に対し二〇〇一年、菊池寛賞

山崎正和（やまざき　まさかず）
劇作家、評論家。一九三四（昭和九）年、京都に生まれ、少年時代を満州で過ごす。五二年、京都大学哲学科に入学、六一年、同大学博士課程を修了。関西大学、大阪大学教授を経て、東亜大学学長。『山崎正和著作集一〜十二』『世阿彌』（岸田戯曲集）『鷗外　闘う家長』（読売文学賞）『実朝出帆』（芸術祭賞優秀賞）『病みあがりのアメリカ』（毎日出版文化賞）『柔らかい個人主義の誕生』（吉野作造賞）『オイディプス昇天』（読売文学賞）『演技する精神』『柔らかい自我の文学』『文明の構図』『言葉―アイヒマンを捕らえた男』など。九三年、大阪文化賞、九九年、紫綬褒章

文春新書

288

日本語《にほんご》の21世紀《せいき》のために

平成14年11月20日　第1刷発行

著　者　丸谷才一　山崎正和
発行者　東　眞　史
発行所　株式会社　文　藝　春　秋
〒102-8008　東京都千代田区紀尾井町3-23
電話 (03) 3265-1211（代表）

印刷所　理　想　社
付物印刷　大日本印刷
製本所　大　口　製　本

定価はカバーに表示してあります。
万一、落丁・乱丁の場合は送料小社負担でお取替え致します。

ISBN4-16-660288-8

◆文学・ことば

◆考えるヒント

◆アートの世界

(2002. 10) C

文春新書11月の新刊

濱田篤郎
旅と病の三千年史
――旅行医学から見た世界地図

古の旅人は異国の旅に死を覚悟したが、現代は持病があっても旅を楽しめる。旅と病の歴史を遡りつつ、病気を防ぐ旅支度を提案する

283

大堀昭二
慰謝料法廷
――男と女のトラブルファイル

婚約不履行、同棲解消、離婚――誰しもが当事者になりかねない男と女の愛憎のトラブルは、果してどのようにして解決されるのか？

284

岳　真也
吉良上野介を弁護する

内匠頭への賄賂の要求もいじめもなかった、上野介は浪士らを相手に奮戦、討死した等、常識をひっくり返す刃傷事件・討入りの真実

285

阿部達二
江戸川柳で読む忠臣蔵

江戸の社会を揺るがした大事件、赤穂浪士の討入りを当時の人びとはどう見たか。庶民の本音を映す川柳にこそ最もよく描かれている

286

松崎哲久
劇団四季と浅利慶太

「分かる」「感動する」演劇を追求して半世紀。ビジネスとしても成功を収めた劇団の歴史、経営、俳優、上演演目など。ファン必携！

287

丸谷才一・山崎正和
日本語の21世紀のために

近代国家には「国語」の成立が必要だった。しかしそれゆえの混迷……。文明論の視点から日本語の運命を論じあい、対処法を提示する

288

文藝春秋刊